青年的思想愈被榜样的力量所激励，就愈会发出强烈的光辉。

主　编：
李建臣：清华大学双学位，武汉大学博士，编审，中国作家协会会员，中国科普作家协会会员，中宣部文化体制改革办公室副主任

副主编：
刘永兵：海军大校，编审，《海军杂志》原主编，海潮出版社原社长

审　定：
葛能全：中国工程院原党组成员、秘书长兼机关党委书记，曾任钱三强院士专职秘书多年

编委会成员：
董山峰：《光明日报》高级记者，《博览群书》杂志社社长，清华大学校外导师

李　颖：教育博士，清华大学社会科学学院副研究员

丁旭东：副教授，艺术学博士后，中国音乐学院中国乐派高精尖创新研究中心特聘研究员，中国人生美育研究会副主任委员，中国文艺评论家协会会员

高　伟：中国文艺评论家协会会员，清华大学博士

刘逸帆：北京师范大学中国社会管理研究院副院长，《社会治理》杂志副社长兼副总编

孙佳山：知名文艺评论家，中国文艺评论家协会会员，中国艺术研究院副研究员

董美鲜：远方出版社文化教育编辑部主任，副编审

刘　瑞：北京市西城区优秀教师，北京市西城区先进教育工作者，海淀外国语实验学校教师数学备课组长

给孩子读的"中国榜样"故事

中国近代力学的奠基人

钱伟长

李建臣 主编

中国·武汉

图书在版编目（CIP）数据

中国近代力学的奠基人——钱伟长 / 李建臣主编. — 武汉：华中科技大学出版社，2020.10（2022.3重印）

（给孩子读的"中国榜样"故事）

ISBN 978-7-5680-6653-2

Ⅰ.①中… Ⅱ.①李… Ⅲ.①钱伟长(1912-2010)-传记-青少年读物 Ⅳ.①K826.11-49

中国版本图书馆CIP数据核字（2020）第183365号

中国近代力学的奠基人——钱伟长　　　　　　　　　　　李建臣　主编
Zhongguo Jindai Lixue de Dianjiren——QianWeichang

策划编辑：	亢博剑
责任编辑：	沈剑锋
封面设计：	胡椒书衣
责任校对：	张会军
责任监印：	朱　玢
出版发行：	华中科技大学出版社(中国·武汉)　　电话：(027) 81321913
	武汉市东湖新技术开发区华工科技园　　邮编：430223
印　　刷：	天津中印联印务有限公司
开　　本：	880mm × 1230mm　1 / 32
印　　张：	7.25
字　　数：	175千字
版　　次：	2020年10月第1版第1次印刷　2022年3月第1版第3次印刷
定　　价：	35.00元

本书若有印装质量问题，请向出版社营销中心调换

全国免费服务热线：400-6679-118　　竭诚为您服务

版权所有　侵权必究

推荐序

对未来的期许,应以榜样作引领

长江后浪推前浪,新时代发展将势不可当的"后浪"——青少年——的教育及其世界观、人生观、价值观培塑推到了社会大众的面前。所有对未来幸福生活的憧憬,都应该以自强不息的奋斗为底色。青少年要从小树立远大理想,培养高尚情操,发展兴趣爱好,学会独立思考,发奋刻苦读书,掌握过硬的本领,从而改变自己的命运,为实现中华民族伟大复兴的中国梦贡献智慧和力量。

习近平总书记指出:"青年的价值取向决定了未来整个社会的价值取向,而青年又处在价值观形成和确立的时期,抓好这一时期的价值观养成十分重要。"① 然而在今天,一些人更看重的是学习成绩、名校、名师、金钱、地位等。古往今来的许多事实告诉我们,一个人的学习成绩再优异、家境再优越,如果三观不正,便有可能误入歧途。一个人的尊荣,不在于他的地位、财富与颜值,而在于他对世界的贡献、对人类的责任以及对社会的担当。所有对未来的期许,都应该以榜样作引领。在榜样力量的引领下,青少年的心智将更加成熟,行为将更加理性,成长的脚步也将更加稳健。

2020年,在新冠肺炎疫情暴发的危难时刻,全国医护和科技人员逆行而上,奔赴一线抗疫。他们舍生忘死地拯救病患,有的科学家不惜冒着生命危险,以身试药,他们用"奉献指数"换回了人民的"安全指数"。这是一场没有硝烟的战役,却是生与死的较量。这是一场没有先例的疫情防控,他们用辛劳与专业换得山河无恙、人民安康。奉献不问西东,担当不负使命,在最紧要的关头,在最危险的地方,榜样的力量更加震撼人心。广大青少年应该从他们身上看到、学到中华民族抗击灾难时不屈不挠、守望相助的精神。

---

① 习近平:青年要自觉践行社会主义核心价值观——在北京大学师生座谈会上的讲话.新华网.http://www.xinhuanet.com//politics/2014-05/05/c_1110528066_2.htm

祖国是人民最坚实的依靠，英雄是民族最闪亮的记号。这套由多位专家学者编撰的"给孩子读的'中国榜样'故事"丛书，介绍了钱学森、竺可桢、钱伟长、华罗庚、钱三强、苏步青、李四光、童第周、陈景润、邓稼先等科学先驱的事迹。这些科学家学习成绩优异，大多有海外留学经历，其卓越成就获得了国际学术界的广泛认可。以他们当时的实力，足以在国外过上衣食无忧的生活，然而，他们每一个人都深知，科学无国界，科学家有祖国。钱学森说："我的事业在中国，我的成就在中国，我的归宿在中国。"李四光说："我是炎黄子孙，理所当然地要把所学到的知识，全部奉献给我亲爱的祖国。"邓稼先说："假如生命终结后可以再生，那么，我仍选择中国，选择核事业。"他们不惜牺牲个人利益，远跨重洋回到生活与科研均"一穷二白"的祖国，以毕生的热血为建设新中国做出了巨大的贡献。

八十多年前，鲁迅先生在《中国人失掉自信力了吗》一文中发声："我们从古以来，就有埋头苦干的人，有拼命硬干的人，有为民请命的人，有舍身求法的人……"历史的风雨、生活的磨难，阻挡不了这些人前行的脚步。正是这些人扛起了中华民族伟大复兴的重任，他们无愧为"中国的脊梁"。有人不禁要问，今天的青少年长大后，还能不能前仆后继地埋头苦干、拼命硬干、为民请命、舍身求法呢？今天的青少年可能要问，这些科学家这样"自讨苦吃"是为了什么？我想，这个问题用诗人艾青的一句诗来作答最适合不过："为什么我的眼里常含泪水？因为我对这土地爱得深沉……"

要回答今天的青少年还能不能前仆后继的问题，我想起了梁启超先生一百多年前的期许——"少年智则国智，少年强则国强"。毋庸置疑，今天，中国的青少年正在走向中华民族伟大复兴的未来，他们的脊梁是否挺拔，他们的智慧是否卓越，他们的信念是否坚定，都关乎国家、民族的未来。

榜样是一种动力，榜样是一面旗帜，榜样是一座灯塔，可以为当代青少年引领方向，指导他们奋勇前行。这套"给孩子读的'中国榜样'故事"丛书的出版初衷，就是希望青少年以老一辈科学家为榜样，学习他们胸怀祖国、服务人民的爱国精神，勇攀高峰、敢为人先的创新精神，追求真理、严谨治学的求实精神，淡泊名利、潜心研究的奉献精神，集智攻关、团结协作的协同精神，甘为人梯、奖掖后学的育人精神，将这些可贵的品质内化吸收为个人的精神财富与进取动力，做有理想、有本领、有担当的新时代青年。

祝亲爱的青少年读者朋友们皆能志存高远，前途无量，放飞人生梦想。

中国传记文学学会会长　王丽博士

编者序

实干以兴邦，榜样代代传

实干以兴邦，榜样代代传——正是在这种力量的感召下，无数先贤志士前仆后继，"为天地立心，为生民立命，为往圣继绝学，为万世开太平"，以中华之崛起为己任而一往无前，使中国五千年的文明得到延续，中华民族屹立于世界强国之林。习近平总书记曾经指出："一切为中华民族掌握自己命运、开创国家发展新路的人们，都是民族英雄，都是国家荣光。中国人民将永远铭记他们建立的不朽功勋。"这些英雄榜样是中华民族的脊梁，正是他们艰苦卓绝的奋斗，让中华民族从百余年前的羸弱中站了起来。

改革开放40多年来,在各种思想文化相互碰撞和价值取向多元化的情况下,青少年的思想观念、道德标准、价值取向、行为方式等都呈现出新的特点,既有积极的一面,也有消极的一面。对于青少年来说,他们正处于长身体、长知识和世界观形成的重要时期,兴趣广泛、模仿性强、可塑性大,各方面都还不成熟。复杂的社会生活环境中存在着许多不利于他们健康成长的因素,导致他们在思想上产生了种种困惑。如何对他们进行正确的教育引导,成为当今社会普遍关心的一个问题。

党的十八大以来,以习近平同志为核心的党中央高度重视青少年的思想政治教育。习近平总书记在许多场合对加强青少年思想政治教育发表了一系列重要讲话,内容涵盖立德树人、社会主义核心价值观的培育和践行、以文化人、以文育人、教育合力构建、加强党的领导等诸多方面。这些重要论述充分体现了以习近平同志为核心的党中央对青少年成长成才的亲切关怀和殷切期待,立意高远,思想深邃,形成了内涵丰富的思想政治教育理论体系,为提升青少年思想政治教育科学化水平指明了方向,提供了依据。

在对青少年的教育中,榜样的力量是无穷的。榜样是一桅风帆,帮助我们乘风破浪,驶向成功的彼岸;榜样是一盏明灯,驱走我们心中的黑暗,照亮未来之路;榜样是一面镜子,促使我们审视自身的不足,凝聚奋发向上的力量；榜样是一个指南针，引领我们找到正确的方向，从此不再迷茫。"历史烛照时代，榜样传承精神"，伟大的时代呼唤伟大的精神，崇高的事业需要榜样的引领。

为了帮助青少年向榜样看齐，向使命聚焦，汲取榜样"内在的力量"，感受其家国情怀以及进取奉献的优秀品质和崇高精神，我们编写了"给孩子读的'中国榜样'故事"丛书，选取了10位富有时代特色的榜样人物，他们是：中国航天事业的开创者钱学森、把一生献给了核事业的邓稼先、与原子共传奇的钱三强、中国近代力学的奠基人钱伟长、中国地质力学的创始人李四光、中国"问天第一人"竺可桢、为数学而生的大师华罗庚、站在数学之巅的奇人陈景润、中国克隆先驱童第周、东方第一几何学家苏步青。

这些榜样人物为我国的社会主义建设和国防安全，在各自的领域不畏艰难、开拓创新，做出了卓越的贡献，其伟大事迹彪炳人间。他们不忘初心、淡泊名利、甘为人梯、谦逊朴实、不计个人得失的崇高品质，体现了他们对祖国和人民的无限忠诚，以及对理想信念的执着追求，对青少年具有很强的感召力和教育作用。我们相信，本丛书不仅能够成为青少年喜爱的课外读物，也会是学校、家庭和有关部门对青少年进行人生观、价值观和思想品德教育的好帮手。

在编写的过程中，我们采访了10位科学家生前的同事与部分后人，查阅了大量与他们相关的书籍、访谈录、手札和本人的著作等，从中撷取了一些鲜为人知的故事，将一个个平凡而伟大的生活画面，以精彩曲折、质朴平实的文字呈现出来，使他们的高尚品德与人格魅力跃然纸上，让青少年读者产生心灵的震撼，在感同身受中对老一辈科学家可歌可敬、感人肺腑、催人泪下的动人事迹产生深切的敬意。相信他们会乐于以这些伟大的科学家为榜样，努力学习，刻苦钻研，立志掌握更多的科学文化知识，为国家的强盛、人民的幸福奉献自己的青春和热血。

目 录
Contents

第一章　钱氏家族的坚韧少年　　1

　　1. 书香世家的风骨　　2
　　2. 传承三代的书斋　　6
　　3. 钱氏祖训的熏陶　　14
　　4. 十字路口的彷徨　　19
　　5. 高中榜上的"孙山"　　24
　　6. 丧父引发的失学危机　　28
　　7. "开夜车"习惯的由来　　32

第二章　从清华到西南联大　　37

　　1. 文科状元与理科盲　　38
　　2. 有志青年弃文学理　　41
　　3. 跻身"清华五虎将"　　46
　　4. 物理系的"拼命三郎"　　50

5. 南下抗日宣传		59
6. 学术与爱情双丰收		64

第三章　从多伦多到加州　　69

1. 出国留学的波折　　70
2. 多伦多大学崭露头角　　73
3. 创概念的博士论文　　78
4. 初涉火箭导弹事业　　80
5. 与冯·卡门合作　　85

第四章　一片丹心为报国　　89

1. "忠于我的祖国，心口如一"　　90
2. 歌唱解放　　96
3. 为国效力的忙碌日子　　99
4. 师生不懈追求科学　　106

5. "二钱"合建力学研究所		109
6. 为科技发展献计献策		112

第五章　风雨飘摇还须守　　　　　　　　115

1. 众人皆"醉"我独醒　　　　　　116
2. "右派"的彷徨与执着　　　　　125
3. 甘当"地下工作者"　　　　　　129
4. 科研与劳动的桥梁　　　　　　133
5. 研制高能电池　　　　　　　　137

第六章　新起点新征程　　　　　　　　　141

1. 把耽误的时间抢回来　　　　　142
2. 不遗余力完成"三项任务"　　146
3. "国家的需要就是我的专业"　151
4. "我离不开科学，更离不开祖国"　158

5. 惠农人因地制宜	162

第七章　教育理想的实践　167

1. "聘钱之争"	168
2. 为科学甘做"人梯"	174
3. 拆除上海工大的"四堵墙"	182
4. 最上心的"义务"校长	192
5. 办一流综合性大学的夙愿	197

附录　钱伟长大事年表	209
后记	214

第一章　钱氏家族的坚韧少年

在无锡七房桥这个美丽的江南村镇，钱伟长度过了一段快乐的童年时光。出身书香门第的他，在家中长辈的悉心教导下，好学上进之心日益生长。然而，好景不长，火灾烧毁祖宅、北伐战乱、父亲离世接踵而至，钱家处境雪上加霜，陷入举步维艰的境地。而钱伟长的求学路也变得格外坎坷。

1. 书香世家的风骨

1912年10月9日,一个小生命降生在江苏省无锡县(今无锡市)鸿声镇(今鸿山镇)七房桥村的钱家宅院内。他的到来给钱家增添了难得的喜气,每个人的脸上都露出了久违的笑容。这个给家族带来欢乐的新生命,就是钱伟长。

钱家是七房桥的大家族,明代中叶时更是地方首富,其远祖可追溯到五代时期吴越国的武肃王钱镠。

到清朝末年,钱家家道衰落,钱伟长的祖父钱承沛中了秀才,设私塾教书养家。钱承沛在父亲去世后接任族长,共育有四子——长子钱挚、次子钱穆、三子钱艺、四子钱文。不幸的是,钱承沛在39岁时因体弱多病、积劳成疾而去世。当时长子钱挚还不足15岁,失去经济来源的钱家顿时陷入困境,幸得钱氏家族的义庄资助,钱挚才从常州中学师范科毕业。

钱挚毕业后,因品学兼优,被校长屠文博推荐到南京高等师范学堂深造,但因家中经济困难,三个弟弟也需要接受教育,钱挚便继承父亲衣钵,返回家乡创立又新小学,后来又在荡口镇的鸿模小学任教。钱挚做小学教员时,薪资微薄,时常要靠义庄接济粮米。作为家中的顶梁柱,其艰辛可想而知,然而他却安之若素。

钱伟长是钱挚的第二个孩子,他本来还有个姐姐,但未满周岁便夭折了。钱挚对这个儿子寄予了莫大的希望,为其取名伟长,借用"建安七子"之一徐干的字,希望他见贤思齐,向有才智的人学习、看齐。

由于祖父早逝,祖母艰难地撑起了家。在钱伟长幼年的印象中,祖母贤良淑德、治家有方,总是带着母亲忙里忙外,辛勤劳作。闲暇时祖母也会教钱伟长识字,给他讲祖父苦读成才的故事,教育他不可忘记祖辈遗训,要将钱家家风代代相传下去。祖母的言传身教默默影响着少年钱伟长,使他从小便懂得要勤奋上进。

钱伟长的祖父钱承沛自幼便有"神童"的美誉,因家境贫寒,没有专门的书房供他学习,他只能在私塾后面的破茅屋中读书,寒来暑往,风雨无阻。夏季炎热难忍,为了防止蚊虫叮咬,他搬来两个装满凉水的酒坛,将双脚放进坛中,学习至深夜。功夫不负有心人,经过多年的寒窗苦读,他在16岁那年考中了秀才。

钱承沛为人贤良方正、恪守礼节，在钱氏家族中颇有威望。因无意于名利，他在七房桥设立私塾，传道授业。作为清末秀才，他的思想并不保守，而是经常阅读上海出版的报纸，吸收各种新知识。

通过阅读报纸，钱承沛接触到了孙中山先生"平均地权"的思想，并很快消化吸收，将这种思想与七房桥的实际情况相结合，建立了"钱氏怀海义庄"。他说服族人把原先由个人管理的田地交由义庄管理，义庄聘请账房先生负责收租、交税和福利的分配等事务。钱承沛作为族长，和一位公推的副主任全程监督。义庄规定，凡是七房桥的孤寡老人及父亲早逝的未成年孩子，每人每月可以从义庄领取一斗米、一贯钱作为生活补贴。

设立义庄的做法巧妙地化解了佃户和地主之间的矛盾，给七房桥的经济带来了活力，县知事对此事也大加赞赏，并全力支持。钱承沛兴办义庄的事迹很快流传开来，不到3年，苏州、昆山、常熟、太仓，甚至崇明等地也先后办起了义庄。钱承沛这种大公无私、为族人排忧解难的担当，潜移默化地影响着钱家后人。

钱伟长的祖母也是一位颇具士人之风的女子。钱承沛去世后，一些族人建议她向义庄申领生活补贴，但她果断拒绝了。她反而经常为族里的贫困人家申请补贴。祖母坚毅独立、大义大德的品格，受到了众人的敬重。年幼的钱伟长虽然不能深刻理解祖母的做法，但祖母坦荡的行为和族人的赞扬给他留下了很深的印象,也在无形之中为他树立起重道重义的典范。

20世纪五六十年代,发生了两件与钱氏怀海义庄相关的事情,说明钱承沛兴办义庄惠及后人。

第一件事发生在1950年土地改革时期。当时评定地主和富农时,相对富裕的七房桥只评出两个地主和几个富农,其余均为贫下中农和村镇贫困户,而且这两个地主都是早已迁入上海的工商户。之所以地主人数少,主要是因为当时七房桥大部分土地都由钱氏怀海义庄统一管理,不再分属于个人。义庄无形中"保护"了七房桥的住户和钱氏族人。

第二件事发生在"文化大革命"期间。当时红卫兵批斗钱伟长是"资产阶级反动学术权威",指控他在旧社会能顺利读完中学和大学,甚至出国留学,他的家庭一定是地主或者官绅。随后,清华大学三番五次派专案组到钱伟长的老家调查,结果发现钱伟长出身贫寒,家里一没钱二没势,父亲只是一个穷苦的乡村教师。

实际上,不仅祖父母的高尚德行给钱伟长树立了榜样,父亲钱挚敬业奉献、承担家庭重任的品格也深深地影响了他。多年之后,他才明白父亲在生活的重压下依然能沉静应对的品格来源于男儿当肩挑天下的豪气。这种豪气像种子一样播撒在钱伟长的心中,也促使他在后来面对人生中"大我"和"小我"的抉择时,总是以"大我"为重。

2. 传承三代的书斋

钱家大宅中有一间名为"素书堂"的书斋，钱伟长的祖父曾在这里设馆授业，父亲与叔父们也曾在这里描红开笔。钱伟长的父亲和叔父们个个博学多才，在传播中华文化方面各有建树。

1911年武昌起义后，钱伟长的父亲钱挚曾与弟弟钱穆及族中热血青年兴办革命团练。民国初年，钱挚中学毕业后在七房桥重新开办七房桥又新小学，而后又到荡口、后宅等地办学、任教，在当地颇有声望。1913年，钱挚等人在梅村创办无锡县立第四高等小学，由乡村教育家华澄波任校长，钱挚任教务主任。北伐开始后，无锡县大办中学，在学前街县学里设立无锡县立中学，钱挚任教务主任兼舍监。北伐胜利后，无锡县立中学改成初、高中六年制中学，并搬到城北。后来，为了满足乡村教育发展的需要，无锡成立了无锡乡村师范学校，钱挚任校长。

钱伟长的四叔钱穆，字宾四，取"四宾穆穆"之意，是近代中国赫赫有名的国学大师。他自幼苦读，目标是考上北京大学这样的高等学府，但因身逢乱世，战乱导致学校停办，他被迫辍学而未能如愿。尽管没能进入梦寐以求的大学，但祖辈"子孙虽愚，诗书须读"的训导他一直铭记于心，他先在小学任教，同时立志深造，勤奋自学。

1923年以后，钱穆在厦门、无锡、苏州等地任中学教员。1930年因发表《刘向歆父子年谱》成名，得到顾颉刚的青睐及推荐，被聘为燕京大学国文讲师。此后，他历任北京大学、西南联大、齐鲁大学、华西大学、四川大学、云南大学、江南大学教授，并任无锡江南大学文学院院长。1949年迁居香港，创办新亚书院，任院长，一直到1964年退休。其间曾获得香港大学、耶鲁大学荣誉博士称号。1966年钱穆移居台湾省台北市，成为"中央研究院"院士，为台湾省"故宫博物院"特聘研究员。1990年8月30日病逝于台北市寓所。

钱伟长的六叔钱艺，字漱六，取"六艺漱石"之意，擅长诗词和书法，登门拜访求其墨宝者多不胜数。

钱伟长的八叔钱文，字起八，取"文起八代之衰"之意，善写小品和笔记杂文，常在《小说月报》和《国闻周报》发表文章。有人曾评价说钱穆是学者型文人，而钱文则是才子型文人。与兄长们相比，行末的钱文行事少了几分节制深沉，多了一些风流蕴藉。和兄长们一样，钱文毕业后也在中学任语文老师，但比起教书，他更热衷于那些不入"大雅之堂"的爱好，比如跑书场、结交弹词艺人、给弹词艺人写弹词等。弹词艺人在开场前都会唱一段开篇，当时的弹词艺人知道钱文的开篇词写得精彩，因此都争相请他写开篇。钱文上语文课也像说书那样妙趣横生，各种典故信手拈来，非常生动。有一回讲到武松打虎的关键时刻，他突然跑出教室，学生们正纳闷张望之际，只见他大吼一声从窗户跳了进来，原来他是在"表演课文"。

父叔们勤奋好学、敬业乐业的举止言行，在幼小的钱伟长心中留下很深的印迹，使他终身受益。

童年时，钱伟长与祖母住在书斋东面的房间，书斋被隔成两半，后半间为书房，前半间做客厅。稍大一点后，他在家人的教育下，开始读书认字。他每天必须完成父亲布置的两项作业：写日记和帮祖母记账。写日记对他来说是小菜一碟，但记账就难多了，因为账目涉及柴、米、油、盐、酱、醋、茶，还有布匹、器皿、人名，十分繁杂。在记账的过程中，遇到不会写的汉字，钱伟长就用同音字代替。这时，叔叔钱穆总会细心地替他修改错别字，并给他讲解它们的笔画特点和含义。久而久之，汉字的结构特点、音形意义等，钱伟长便熟记于心，认识的汉字也越来越多。之后，钱穆开始教他写字。为了节省纸钱，钱穆把一块方砖的一面磨光，钱伟长就用蘸水的毛笔在上面写字。钱伟长每写一个字，钱穆都会指出该字笔画布局的问题，一个字往往要重复几十遍,直到钱穆首肯后才能写第二个字。在严格的训练下,钱伟长的毛笔字写得越来越好。

  除此之外,祖母闲暇时也会陪着钱伟长读由祖父批注过的《史记》《孟子》,每当遇到疑惑不解之处,精通文史的钱穆就会为他细心解答。可以说,钱穆就是钱伟长的启蒙老师。而钱穆为侄儿讲解诗文时,从来不翻阅书籍生硬地解释,而是引经据典,举一反三,力求培养钱伟长独立思考的能力、自主学习的能力和判断能力。钱穆特别赞同孔子"和而不同"的思想,亦在指导钱伟长的过程中灌输这一理念,教育他要尊重他人的意见,允许他人有自主权,这样才能更好地与他人合作交流,才能使自己更有进益。

  在钱穆的熏陶下,钱伟长阅读了大量的儒家经典著作,背会了许多古诗文。钱穆对欧洲文学甚感兴趣,在他的影响下,钱伟长也开始接触西方文学,读了不少名著,虽然不能完全理解所有的作品,却让他养成了阅读的良好习惯。钱伟长曾说:"四叔是我的启蒙之师,是他教会我做人做事的道理,并时常勉励我要志存高远。"钱穆也曾在晚年回忆、慨叹祖孙三代人共读的快乐时光。

  八叔钱文文章写得精妙,负责教钱伟长作文。钱文的教授方法别出心裁:拿出两期《小说月报》,让钱伟长为其中的每篇短文另拟一个短题目,越短越好,即便只有一个字也无妨。钱伟长以前没做过这样的"作业",感觉既新鲜又有趣。钱文在讲解时,首先会说明每篇短文的原意和作者的写作意图,然后指出钱伟长所拟题目的优缺点以及如何改进等。这样生动新颖的教学方法,使钱伟长对所学的内容与学习方法印象非常深刻,效果显著。后来,钱伟长入学后的国文课成绩能够"出类拔萃",很大程度上得益于钱文别致的学前教育。

作为家中的长孙,钱伟长的叔父们对他的教育很用心。他们知识渊博,不仅拓宽了钱伟长的知识面,而且在教导时也很注重方式方法,实在是不可多得的良师。注重教学方法这一渊源大可上溯至钱伟长的祖父。

钱伟长的祖父钱承沛也是一位非常优秀的老师,钱穆曾回忆钱承沛教导子女的方法,堪称经典,他说自己之所以能在博大精深的中国文化海洋中遨游,正是得益于父亲从小对自己的正确引导和教诲。钱穆小时候,镇上的大小事情多在街口的一个茶馆里商议解决,钱承沛几乎每晚都到那里去。

一天晚上,钱穆刚随父亲进去,就有一位客人逗他,要求他背诵《三国演义》"诸葛亮舌战群儒"一段。信心十足的钱穆开始背诵,并配上一人饰多角的生动表演,赢得在座宾客的热烈掌声。大家纷纷夸赞钱穆多才多艺,但钱承沛不动声色地坐在一旁。

第二天晚上,父子两人在去茶馆的路上经过一座桥,钱承沛问钱穆:"你认识'桥'这个字吗?"

"认识!"钱穆不假思索地回答。

钱承沛又问:"'桥'字的偏旁是什么?"

钱穆说:"木字旁。"

钱承沛看了他一眼,接着问道:"把木字旁换成马字旁,你知道是什么字吗?"

钱穆自信地说:"知道,是'骄'字。"

钱承沛意味深长地说:"知道'骄'字是什么意思吗?"

钱穆讶异地看着父亲,回答说:"知道。"

钱承沛温和一笑,把手搭在钱穆的肩膀上,轻声问道:"那你昨天晚上有没有感觉到自己的言行接近'骄'了呢?"

钱穆听了低下头,沉默不语,心中泛起了阵阵羞愧。

等他们到了茶馆,客人们见到钱穆,又说要再考一下他,其中一个人喊着让他背诵"诸葛亮骂死王朗"一段,但钱穆的神态尤为忸怩,与前一天晚上迥然不同。客人们见他这个样子,也就不再勉强。

当时钱穆年仅9岁,钱承沛没有说一句责备或教训的话,仅寥寥数语,就让他明白了"骄"字的含义并引以为戒。

钱承沛不仅善于在生活中教孩子一些做人的道理,还注重通过小事培养孩子独立思考的能力。有一次,他让钱挚阅读《国朝先正事略》等书,然后再让钱挚复述湘军平洪、杨的故事。就在钱挚讲述时,钱承沛中途打断,告诉他书中有的语句有隐讳内容,接着说:"读书应当读出作者的言外之意。他写一个字背后可能隐含了三个字的意思,写一句话可能就隐含着三句话的内容,这时,你应该开动脑筋去思考,才能领会作者的真意。"钱穆当时也听到了这番教诲,顿时有求知的欣喜之感,获益匪浅。

钱伟长与祖父和叔父们一样,后来也成了一名非常优秀的教师,连毛主席都对他的教学方法大加称赞。钱家三代人之所以在教书方面独具禀赋,正是因为真正的博学之士往往善于将最精妙的道理以最浅显的语言道出,他们一家三代都是博学者,都接受了博学之士的教导。

入学前,钱伟长不仅跟随众叔父接受了文化教育,还自学了音乐和围棋。当时,他的六叔钱艺和八叔钱文还在念书,只有暑假才回家,这时他们饭后的节目就是开音乐会,所以钱伟长最盼望暑假到来。多年后,钱伟长对叔父们在素书堂里演奏的盛况仍然记忆犹新。

一到晚饭后,每天有一小时的音乐活动。父亲善琵琶和笙,四叔善箫,六叔好笛,八叔拉一手好二胡。他们合奏时,祖母、母亲、婶母和弟妹都围坐着欣赏,经常有邻居参加旁听。我听长了也能打碗击板随乐。这样的音乐活动,增加了我的节奏感。我长大后,由于专业工作和社会活动过重,并无时间欣赏音乐,也形成不了业余爱好,但乐感和节奏感还是明显存在着。

除了音乐会,父亲与叔父们的围棋擂台赛,也深深吸引着年幼的钱伟长。钱氏兄弟都精于围棋,每次一有赛事,钱伟长便是他们最热情的观众。叔父们见他热情甚高,便让他在一旁计分。叔父们有时也会打谱,像《海昌二妙集》等各种棋谱,都放在素书堂的书橱里。当叔叔们不在旁边时,钱伟长就自己打谱,当然,他不敢跟叔叔们对弈,但棋艺比学校的同学还是高明不少。后来他在小学、中学、大学的校内围棋比赛中还得过奖,而围棋也成了他终身的业余爱好。

叔父们不在家时,素书堂就是钱伟长的天下。身处藏书丰富的书斋,他如饥似渴地汲取里面的文化营养。不管是什么书,也不管看不看得懂,他都如获珍宝,《三国演义》《左传》、二十四史、欧美名著等悉数读遍,可以说是博览群书。对他来说,生活的清苦是可以忍受的,而读书业已成为不可缺少的生活习惯,在父亲与叔父们的影响下,他在琴棋书画的文化环境中享受着中华文化的陶冶。

3. 钱氏祖训的熏陶

作为钱家的长子,钱伟长的父亲钱挚很早就挑起了照顾全家生活的重担。当时他上奉老母,下养妻儿,还担负着教育三个弟弟的责任,生活负担很重。钱伟长的祖父办过私塾,钱挚四兄弟靠着家学的根底,也先后做了教员,钱伟长幼年时,全家的主要经济来源就是钱挚和钱穆教书所得的微薄收入。

钱伟长的母亲王秀珍是一个勤劳又善良的农村妇女,她每天起早贪黑地操持家务,还养蚕、挑花、糊火柴盒等,想方设法补贴家用。

生活就像调味剂,酸甜苦辣尽在其中。在钱伟长幼年的记忆中,他几乎没有穿过新衣服,所穿的衣服都是用父亲和叔叔们的旧衣改成的。有的衣服太大,母亲便将腰部的布料往内折起缝好,等他长高了再拆开来继续穿。钱伟长小时候不幸得过疟疾、肠胃病和伤寒等疾病,导致他到19岁上大学时身高仅1.49米。尽管家境贫寒,但他的童年生活过得简单而快乐。无锡一带景色优美,河湖密布,是富庶的鱼米之乡，因此鱼虾很便宜，一分钱就可以在小摊上买到一碗小虾，但钱家囊中羞涩，平时省下来的钱都要用来买粮食，很少买虾吃。钱伟长年纪虽小，却十分懂事，从来不任性地要求父母买这买那，还经常主动做家务，给家人减轻负担。

买不起鱼虾，钱伟长便趁着炎热的夏天，和小伙伴们在浅水处捞鱼虾、摸田螺。别的小伙伴都在打水仗嬉戏，发出阵阵欢笑声，他却很少玩耍，而是认真地捞鱼虾，因为鱼虾经祖母和母亲的巧手烹制，便是餐桌上难得的一道佳肴。有时他还会用捕捞到的鱼虾换些零钱交给家里。

每到万物萌发的春天，鲜嫩的竹笋和野菜纷纷破土而出，懂事的钱伟长便背上小竹篓，与小伙伴们一起兴致勃勃地挖春笋和野菜。春天的田园就像一幅美丽的画卷，明朗的蓝天、清新的花香、曼妙的垂柳、嫩绿的小草，举目望去，到处充满生机。每当挖野菜挖累了，他便席地而卧，身下有软绵绵的青草，蓝天上有飞翔的小鸟，耳边有潺潺的流水声和亲切的乡音。他热爱这片哺育自己的家乡田野，同时他也向往外面的世界，思绪仿佛随着高飞的鸟儿飞向天边……

7岁时，钱伟长进入村里的私塾学习。学堂位于一座破庙里，教书先生不苟言笑，头上盘着长辫子，案头放着一把戒尺。学堂里的学习既简单又枯燥，每天只是跟着先生摇头晃脑地背诵"子曰""诗云"之类的古文，已有新学阅读体验的钱伟长并不喜欢。刚上学的学生一般都很淘气，钱伟长也不例外。只要先生一打盹，他们就偷懒不背书，甚至打闹起来。

有一次，钱伟长实在厌烦了枯燥的课堂学习，便大胆逃学了。怀着兴奋而又不安的心情，他跑到田野里，时而痴痴地看着那清澈迷人的小河，时而爬上树顶去眺望远方辽阔的天地。当然，逃课的后果是被先生用戒尺将手心打得红肿不堪。

当时本已穷困的钱家在经历了又一场不幸后，家境更是雪上加霜。一场火灾将钱家大宅烧成一片废墟，祖先的牌位也化为灰烬。万幸的是，钱伟长的父亲从大火中将祖先留传下的《钱氏祖训》抢救出来了，这份珍贵的祖训是钱氏的祖先——武肃王钱镠留给后人的训诫，是钱家族人的行为守则，更是一笔弥足珍贵的精神财富。

《钱氏祖训》分为国家、社会、家庭、个人四个部分，其中有几个有代表性的要求。

一、读经传则根柢深，看史鉴则议论伟；能文章则称述多，蓄道德则福报厚。

二、家富提携宗族，置义塾与公田；岁饥赈济亲朋，筹仁浆与义粟。

三、心术不可得罪于天地，言行皆当无愧于圣贤。

第一条是要求子孙必须多读经书,这样才能明白更多的道理。第二条是要求子孙不可忘本,富裕的时候要提携族人,办学授业;闹饥荒的时候,要筹措粮米接济亲朋。第三条是要求子孙做人做事要问心无愧,言行举止要贤良方正。钱氏祖训对后人影响深远,其后裔人才辈出。据统计,近现代国内外有科学院院士头衔以上的钱姓名人就有100多位,遍布世界五大洲,其中为人熟悉的名人有钱学森、钱三强、钱伟长、钱钟书、钱永健等。钱伟长一家亦严格遵从祖训,秉公执事、爱乡爱民。因此,钱家惨遭火灾后,乡亲们都主动招呼他们到自家借住,这都是平时钱家积德行善的结果。

后来,钱伟长一家从七房桥迁居至无锡县荡口镇,荡口镇的镇南、镇北和镇中共有三所小学,因为全家迁到镇中,钱伟长便进入那里的鸿模小学念书。

1919年秋,四叔钱穆受邀到后宅镇(今无锡市新吴区硕放街道)筹建泰伯乡第一小学,钱伟长也随他过去。同行的还有家人阿庚,他在学校里当校工,顺便照顾钱伟长的饮食起居。白天,钱伟长在学校上课,由钱穆照顾;而一日三餐及晚上则由阿庚照顾。就这样,钱伟长在后宅镇住了2年。

1922年,钱穆被调到厦门集美学校任教,钱伟长也转学到荡口镇北司前弄初级小学,并于1923年升入荡口鸿模小学高小一年级。

镇上的学校自然比村里的私塾进步，课程也多了很多，如算术、自然、音乐等。丰富的学校生活使钱伟长的眼界开阔起来，他听起课来也认真多了。他知道家里困难，自己能上学十分不易，不能辜负父母、亲人们的一片期望。

不过，在学校里，钱伟长对算术没有什么兴趣，他偏爱语文，每天都花很多时间和精力背书。每天清晨，他会到镇外的鹅湖，那里经常有渔船扬帆驶过，渔歌阵阵，动听迷人；渔民们撒网捕鱼，场面极为有趣。这些情景常常吸引很多小朋友去看热闹，但钱伟长从不近前，而是专心致志地背诵课文，惊人的记忆力使他很快就把课本背得滚瓜烂熟。

为了减轻家庭负担，钱伟长一边用心读书，一边帮助家里干活，他还跟着母亲学会了挑花。挑花一般是女孩子做的活计，但迫于生计，很多家境不好的男孩子也会做。挑出一个椅垫能挣五六分钱，挑出一个窗帘可以挣一两毛钱。钱伟长的手十分灵巧，挑花又好又快，经常受到母亲和邻居们的称赞。

每天一放学，钱伟长就飞奔回家，拿起挑花的绷子，坐在门口的小板凳上，聚精会神地挑花。每天他总要挑到太阳下山，看不到绷子上的网格了才肯回屋。回到屋里，他仍就着微弱的灯光继续挑花。绷在架子上的白线方格网，随着他两只小手麻利地抽针引线的动作，渐渐现出漂亮的花朵。那不是雍容华贵的牡丹，也不是多彩活泼的雏菊，而是开在钱伟长心上的饱含辛酸的苦菜花……俗话说,穷人的孩子早当家。清贫的生活使年幼的钱伟长明白了普通百姓生活的艰辛,同时也培养了他坚忍不拔的性格。

在荡口镇,钱伟长度过了充实而快乐的少年时光。无锡地区文化底蕴深厚,逢年过节,街上便灯火通明、锣鼓喧天,十分热闹。当地的庆祝活动如放风筝、赛龙舟、踩高跷、捏泥人等传统民俗,都给钱伟长留下了深刻的印象和美好的回忆,也陶冶了他的性情。每年的除夕之夜,全家人吃完团圆饭,祭拜完祖先,父亲都会把《钱氏祖训》拿出来诵读,告诫子孙要牢记祖训。

4. 十字路口的彷徨

小学刚刚毕业,钱伟长便被生活的鞭子抽到了命运的十字路口。

一天,几个年纪稍大的同学来找他玩。几天不见,他们都穿上了惹人注目的崭新制服,颇为神气。刚走进钱伟长家的门,他们就骄傲地嚷开了:"伟长,你看我们都做事了!"

"你们都在哪里做事啊?"钱伟长还没来得及说话,正在一边挑花的祖母笑着开了腔。

"我在邮局。"一个穿绿制服的同学回答。

"我在铁路。"另一个穿黑制服的同学接着说。

"看我们的制服怎么样?"他们向钱伟长得意地炫耀着。

钱伟长看着他们身上崭新的制服,再看看自己身上打满补丁的衣服,心里很不是滋味,好一会儿才挤出两个字:"漂亮。"

"你们每个月能挣多少钱啊?"祖母又问道。

"两三块钱。"

"哟,不少,真不少啊!"祖母连连点头,向他们投去欣赏的目光,因为在邮局和铁路上工作就等于拿到了"铁饭碗"。

同学们走后,钱伟长默默地拿起绷子,继续挑花。这时,一直没说话的母亲突然对他说:"孩子,你先放下活计。来,妈妈有话跟你说。"

钱伟长放下手中的绷子,走到母亲身边。

"孩子,不是妈妈不愿意让你念中学,家里的情况你也知道,实在是没法子啊……唉,你还是去学点手艺吧。"母亲叹了口气,忧心忡忡地说。

钱伟长觉得母亲的考虑不无道理。父亲在外面教书,每个月只能寄回几块钱,家里还有弟弟妹妹要养活,根本筹不起学费。如果他去当学徒,起码暂时能减轻家里的负担,三年后出师,就能挣钱了。

"你是要早些养家了,孩子,但不要去做一般的营生。

要在邮局当差,或是到铁路上做工,那才是一辈子的'铁饭碗'。"作为一家之主的祖母考虑得更周全,她接过儿媳妇的话,用爱怜的语气对孙子说。

钱伟长低头站在一旁,眼眶泛红。他舍不得离开书本和课堂,书早已成为他的挚友,成为他离不开的伙伴。他渴望升入中学,渴望继续学习,渴望凭借知识出人头地。

母亲见儿子一直不出声,也不忍心再逼迫他,只是转过头默默地叹气。

看着辛劳困苦的母亲和满脸皱纹的祖母,想到弟弟妹妹们索食时渴望的眼神,钱伟长使劲咬着下嘴唇,努力不让眼泪流出来,只轻轻地"嗯"了一声。

父亲得知这件事后,急忙从正在任教的梅村镇赶了回来。一进家门,他就表明自己的态度:"只有让孩子好好念书,才有出路,才不会受人欺负,才能报效祖国。"

"可是学费上哪儿筹啊?你没看家里都已揭不开锅了吗?"母亲无可奈何地说道。

"家里穷,这我知道。但哪怕再穷再苦,也要让孩子上学。学费还是再挤一挤吧。"父亲决心要让儿子继续读书,他坚决的态度和真诚的说服,渐渐转变了钱伟长的母亲与祖母的态度。

值得庆幸的是,1925年,原为小学教师的钱挚被无锡荣巷荣家办的公益学校聘为教务主任,薪水待遇有了提高。这样一来,钱伟长上中学的学费问题得到解决,他跟随父亲来到无锡荣巷公益学校就读。

　　无锡是一座花园般的城市,结束了在十字路口挣扎的钱伟长,怀着激动的心情打量着这座曾无数次出现在自己梦中的求学之地。那波光粼粼的太湖,犹如慈爱的母亲,用自己丰富的乳汁滋养着这片土地;秀丽的梅园、开阔的鼋头渚、雅致的蠡园,就像性格各异的三姐妹,紧紧地依偎在母亲太湖的身边……

　　当时这所公益学校只有小学五、六年级和初中一、二、三年级,钱伟长算是插班生,需要考试。所幸,当时只考语文、不考数学,因此他很容易就通过了考试,插在小学六年级的班里,与后来成为著名企业家的荣毅仁是同班同学。钱伟长与荣毅仁在学校里的交流并不多,他们之间的友谊是在 1937 年暗夜同船之旅以后开始建立的。

　　当时南京沦陷,因祖母和母亲杳无音信,身在异乡的钱伟长十分焦虑,决定回家查探实情。他从北京出发到天津英租界,再从英租界乘太古怡和的船到上海,接着在晚上从上海再乘运煤船到十六圩(今张家港),才能到达荡口。当天晚上,钱伟长上了运煤船,发现甲板上有一位面熟的旅客,再一细看,原来是荣毅仁。这时荣毅仁已经大学毕业,这艘运煤船就隶属于他家公司。经过一阵闲谈,荣毅仁得知钱伟长要回家探亲,便建议他妥善从事,最好不要戴眼镜、不要坐轮船,扮作普通乡下人乘坐人力小船,因为日军对坐轮船的人查得很严,而不太注意普通乡下人。

钱伟长听从了荣毅仁的建议,一路谨慎,最后顺利回到荡口,与家人团聚。这是后话。

1926年5月,钱伟长随父亲回到荡口。接下来的半年,是钱家最安乐的半年,一家人其乐融融地生活在一起。这年秋天,钱伟长凭着自己从小对国文的喜爱和努力,考入了无锡国学专修学校。

无锡国学专修学校的创办人是清末大儒唐文治先生。他曾是上海南洋公学(今上海交通大学的前身)的首任校长。为了"继往圣绝学",弘扬中华民族优秀传统文化,他退休后在无锡县初中东边,利用旧房子创办了无锡国学专修馆,主要讲授"四书五经"、宋明理学、桐城派古文、旧体诗、唐集、《说文》、《通鉴》和先秦诸子,培养出一大批国学大师级的人物。1929年,国学专修馆最终定名为无锡国学专修学校。在无锡国学专修学校的学习生活,只是钱伟长人生中的一个阶段,但他终生难忘,直到晚年依然记忆犹新。在唐文治的教导下,钱伟长的国学进步神速,他进一步接触到中华文化的精髓,对古典文学和中国历史产生了浓厚的兴趣。后来钱伟长能写出令世人惊艳的《梦游清华园赋》,也与他得到过唐文治的教导不无关系。

1927年年初,无锡县立初中成立,钱挚被聘为教务主任兼历史老师,钱伟长随父亲进入县立初中一年级就读。在此期间,钱伟长了解到西方资本主义国家的科学技术正快速向前发展,取得了一系列重大突破:爱因斯坦的"相对论",把人类的视野拓展到了太阳系以外的宏观宇宙;薛定谔等人关于量子力学的理论,也使人们的认识深入原子以内的微观世界……这些使钱伟长开始思索自己未来的发展方向。传统家庭的熏陶和学习环境的影响,使他自然地倾向文科,而相对疏远理科。对他来说,科学的大门似乎离他十分遥远。

5. 高中榜上的"孙山"

1927年,北伐战争胜利后,无锡被江苏的北伐军占领,县立初中关闭,钱伟长不得不跟随父亲回到荡口。不久,无锡、苏州的许多中学和师范学校进行改组。

1928年,苏州第二中学改组为苏州中学初中部和高中部,各自独立。改组后的国立苏州中学高中部,新聘了校长和教师,其中的文科教师都是地方上的才俊,比如国文首席教师是钱穆,英语首席教师是沈同洽,中国史首席教师是吕叔湘,外国史首席教师是杨人缏。另外,为了满足乡村教育发展的需要,政府还成立了无锡县乡村师范学校,由钱挚任校长。

一个星期六的下午,夕阳的余晖已从教堂的尖顶移到低矮的平房,钱伟长腋下夹着一本《国语》,焦急地穿行在杂乱的人群中。他正匆忙地赶回他和父亲在无锡的居所。

他想起家中的粮食已经吃光，得立即去买米，否则晚饭没有着落，父亲到家后会着急的。他一回到家，放下书本便抓起粮袋大步向粮店奔去，凭着自己的小个头，他轻松穿过吵吵嚷嚷的人群钻到柜台前，买了10斤大米，然后兴冲冲地赶回家。推开家门，父亲已经回来了，手中还拿着一封信，是在国立苏州中学担任主任教师的四叔钱穆寄来的。

钱伟长一口气读完信，高兴得手舞足蹈。他激动地对父亲说："爹爹，苏州中学招生，我能不能去试一试？我想到那里去上高中。"当时小学、初中要读11年，因连年战乱，钱伟长只断断续续读了5年。数学没学过四则运算，平面几何只学了不到一学期，立体几何和三角函数根本没接触过，更不要说外语和物理了，在众多科目中，他只有国学和历史学得比较好。钱挚深知儿子的劣势，于是看着他没有作声，沉默了好一会儿才说："试一试当然可以，不过不要抱太大希望。那是一所有名的好学校，学生既要学语文、历史，还要学物理、化学和代数。要想进去读书，必须通过严格的考试。你没有受过正规的初中教育，只断断续续地念过两年初中，虽然文科成绩不错，但理科的成绩还差得很远，你有把握考上吗？"

听了父亲的话，钱伟长并未沮丧，只要有一丝继续学习的希望就要争取，他向父亲央求道："爹爹，就让我去试试吧，即使考不上，也可以先了解题目的难度，以后努力才有方向呀！"看着儿子充满期待的眼神，钱挚不忍心再拒绝他。就这样,钱伟长参加了苏州中学高中部的招生考试。

两周以后,学校发榜了,钱伟长半激动半忐忑地跑去看榜。他站在一大群学生与家长中间,伸长脖子,踮起脚尖,焦急地寻找自己的名字。他的目光在红榜上扫来扫去,一直不见自己的名字,他的脸因为太过紧张而红一阵白一阵,心里像揣了一只兔子,怦怦直跳。他拼命往人群里挤,希望在被挡住的名单中找到自己的名字,直挤到墙跟前,他才看到榜文的最后有"钱伟长"三个字。他有点不敢相信自己的眼睛,用手揉了揉眼睛,又仔细看了一遍,才确信是自己的名字。

"我被录取啦!"钱伟长忘情地在人群中跳了起来。他跑回家把这个好消息告诉了父亲。钱挚喜出望外,但也不太相信,毕竟儿子的理科是极差的,于是反复追问消息是否可靠。

"是真的!我亲眼看到榜上有我的名字。"钱伟长申辩道,然后又小心翼翼地说,"不过,我是最后一名……"他不好意思地低下头,红了脸。

"哈哈哈……"钱挚爽朗地笑了起来,"你这次可成了孙山。古时的孙山应举,所得名次与你一样。但是,孙山毕竟是个才子,后来可以居上嘛!"听了父亲的一番话,钱伟长也笑了,但笑得有点勉强。

后来钱伟长才知道,被录取主要是因为他出色的国文成绩。他的文章写得很好，国文得了第一名。当时有人怀疑是时任国文首席教师的钱穆徇私向侄儿漏题了。后来，苏州中学高中部的校长派人到无锡调查，得知钱伟长的国文成绩一向优异，也就没有人再怀疑了。但钱伟长考上高中的好消息，并没有让家人高兴太久，钱家窘迫的现状使他陷入了两难的选择：高中的大门向他敞开，机会难得，但高中学习费用不菲，家里实在无力负担。一方面是家中艰难的生计，一方面是自己的未来前程，钱伟长在矛盾中进退两难。

自从北伐军攻占无锡后，多数学校被迫关闭，钱挚和钱穆也赋闲在家，没有了收入。幸好当时六叔钱艺、八叔钱文都已中学毕业并找到了工作，而且钱艺在商务印书馆当编辑，每月有40块钱的工资。

1926年，钱艺、钱文分别成了亲，并在荡口镇北租房另住。1927年军阀孙传芳兵败后，对荡口镇北进行残忍扫荡，将居民财物洗劫一空，新婚不久的钱艺和钱文也未能幸免。随后，种种不幸又降临到钱穆身上，先是1928年1月幼子夭折，继而爱妻于5月病逝。半年之内丧子失妻，令他悲痛至极。

一系列的打击，使得钱家的生活举步维艰。迫于家中的现实条件，祖母和母亲都认为，钱伟长初中毕业后应该马上工作，帮助家里渡过难关。但钱挚和钱穆都不赞成让钱伟长辍学，他们认为自己这一代人为了生活，只念了中学，虽然也很努力，但终究比不上念过大学、留过洋的人目光远大，所以坚持要钱伟长读高中、念大学。

在父亲和叔父们的劝导和坚持下，祖母和母亲也只好同意了。钱伟长终于如愿以偿地踏入国立苏州中学高中部的大门，他暗暗下定决心，一定要努力学习，考上大学。

6. 丧父引发的失学危机

转眼间开学的时间到了，因为钱伟长从来没有去过苏州，父亲决定送他去上学。

临行那天，天气阴沉，后来淅淅沥沥地下起了小雨。父子俩撑着一把破伞来到码头，上船后，他们在人头攒动的船舱里好不容易找到一个容身之地。

宽阔的大运河笼罩在蒙蒙细雨中，凉风不安分地透过船舱那不大的窗口钻进舱内，夹杂着细小的雨珠，朝人们身上扑来，给船舱带来阵阵寒意。钱挚打了个冷战，紧接着就是一阵阵让人揪心的咳嗽。钱伟长关切地拍打着父亲的后背，焦虑地看着父亲蜡黄而布满皱纹的脸，内心涌起一阵酸楚。

父亲已经病了好几个月，久经医治仍不见起色，这病根就是由"四一二"反革命政变引起的。当时父亲所在的学校有 8 名教师被指控为共产党，惨遭枪杀，残忍的刽子手还把他们的脑袋割下来,挂在校园里的大树上示众。身为校长的父亲受到极大的恐吓,最终因承受不住打击而抑郁成疾。

"唉,时世艰难呀!"停住咳嗽的钱挚长长地出了一口气,把儿子拉得更靠近自己后费力地说,"你今天能进苏州中学,机会很难得,一定要好好珍惜。那里有许多声名赫赫的优秀教师,你应当好好向他们学点真本事。家里不管有多困难,都会供你上完高中。你把功课学好,以后成为一个有教养、有知识的人,我们的心血就不会白费,全家人都会为你高兴……"话未说完,又是一阵让人揪心的咳嗽。

"古往今来,苏州、无锡一带出过不少文人名士。人们说这里人杰地灵,其实是欺人之谈。他们哪一个人的成功不是从勤学苦读中得来呢?"脸色通红的钱挚继续说道。他一口气列举了许多名人,讲述他们成功前走过的艰难道路。

钱伟长用心听着父亲的谆谆教导,不时点头称是。他把父亲的嘱咐牢牢记在心里,暗暗发誓一定不辱父命、学有所成。

"当然,我不期望你能一举成名,只希望你在苏州中学勤奋学习,毕业的时候不再是榜上的'孙山',我就安心了。"钱挚微笑着抚摸钱伟长的头,温和地说。

钱伟长鼻子发酸,他想向父亲剖白自己心底的豪情与志向，但又难以启齿。半晌，他才低声坚定地说："您放心吧！"

下午，雨停了。西边的天空中，一缕阳光隐藏在薄薄的云层之中，好像害羞似的；东方，一道绚丽的彩虹高高悬挂着，好像多彩的缎带飘在空中，美极了。

让人意想不到的是，苏州之行竟是父子二人的永别，而时常回响在钱伟长耳畔的那番嘱咐也成了父亲的遗言。

1928年10月，钱伟长进入苏州中学高中部还不到一个月，钱挚就病逝了，年仅39岁。当时钱伟长的母亲41岁，还怀有身孕，钱伟长也只有16岁。父亲走了，留给家人的只有一柜书。他的辞世给钱家带来沉重的打击，钱家像是失去了顶梁柱的房屋，摇摇欲坠。

在钱伟长心目中，儒雅的父亲就像一座大山，为自己遮风挡雨，是自己的安全港。接到噩耗后，他悲痛而焦虑，不待犹豫便立刻返家，并且做好了退学的准备。他想起父亲就是在自己这个年纪挑起了家庭的重担，自己作为长子，现在也应该像父亲那样担起照顾家庭、抚养弟弟、妹妹的责任。

在这艰难的时刻，钱伟长的祖父钱承沛筹建的七房桥钱氏怀海义庄起了很大作用。按照义庄的规定，钱伟长的母亲和弟弟妹妹们每人每月可以领一斗米、一贯钱的生活补贴。这对钱家来说无异于雪中送炭。

对于钱伟长退学的决定，四叔钱穆坚决不同意，并承诺负担他的学费。因为钱挚在临终前叮嘱："无论如何都要让伟长读书，我们钱家要在第三代培养出一个大学生……"于是，在父亲离世半个月后，钱伟长又回到了苏州中学高中部。他比以前学习更努力了。

这段时间，钱伟长常想，父亲不到 15 岁就以稚嫩的双肩勇敢地挑起生活的重担，他对家人的责任心是令人敬佩的；父亲还在家乡创办多所学校，为家乡的教育发展做贡献，他发展教育的豪气是令人赞叹的；父亲经常对子女谆谆教导，叮嘱自己好好学习，考取大学……钱伟长暗暗下定决心，要像父亲那样，有责任心，有奉献精神，学有所成，干出一番事业来。

父亲是钱伟长永远敬爱的人。2003 年，钱挚创办的梅村中学举行 90 周年校庆，91 岁高龄的钱伟长受邀参加，其中一个环节是为他的父亲钱挚及四叔钱穆的雕像揭幕。当时的安排是钱伟长为钱穆的雕像揭幕，省人大常委会主任为钱挚的雕像揭幕。钱伟长恭恭敬敬地为钱穆的雕像揭幕后，静静地走到父亲的雕像下等人揭幕。揭幕完成后，眼神凝重的钱伟长用颤抖的声音提出一个请求："我能不能再为我父亲揭一次幕？"现场顿时鸦雀无声。梅村中学的校长愣了一下，马上意会，又安排人员用红布再次盖上钱挚的雕像。钱伟长庄重肃穆、凝神屏气，将红布缓缓揭下。他默默地站在父亲的雕像面前，退去了所有的光环，还原为一个真实、孝敬的儿子。在红布缓缓落下的那一刻，全场掌声雷动。

7. "开夜车"习惯的由来

在苏州中学高中部读书的3年,钱伟长过得既充实又紧张。他尽最大努力学习各门新课程和各种新知识,成绩不断提高。

苏州中学高中部的老师都很优秀,他们知识渊博、博古通今,加上精湛的讲授方法和负责的教学态度,使钱伟长对学习十分热情和主动。

苏州地处秀丽的江南水乡,风景如画,古典园林闻名于世,但钱伟长高中3年从未认真地游览过,只去过沧浪亭,还是因为当时的苏州市图书馆设在那里。他把时间都用来学习了。关于这一点,钱伟长曾自述道:"在这3年里,我如痴如狂地学习。苏州园林如画,但名胜山水我从未游览过。像虎丘、寒山寺这样闻名中外的胜地,也是在60岁以后才去观光的。当时我既不参加同学们组织的游戏、运动和其他课外活动,也不到同学家中串门访户,就像与世外隔绝了一样。只记得当时去过几次沧浪亭,但也只是因为苏州市图书馆那时设在沧浪亭,而且和苏州中学高中部二院只有一墙之隔,到那儿非常方便,不会浪费太多时间。"

高中3年,刻苦的钱伟长还养成了"开夜车"的习惯。而这个习惯的养成,深受当时的数学老师严晓帆的影响。

在一节数学课上,身穿灰色长袍的严晓帆老师像往常那样,严肃认真地在黑板上写下一道数学题,然后询问有没有同学愿意自告奋勇上台解答。教室里鸦雀无声,同学们有的紧锁眉头望着黑板,有的埋头演算,久久不见有人答话。大家小声议论这道题,但从他们的表情可以看出,没有人能解答出来。这时,一直埋头演算的钱伟长小心翼翼地举起了手。他脸色微红,但眼神坚定而充满期待,声音微颤地说:"严老师,我还没有解出来,但可以让我上去试试吗?"同学们听了,面面相觑,十分惊讶。

"他可真够大胆的……"一个同学鄙夷地斜睨着钱伟长,小声说道。

"冒失不等于勇敢,他会吗?"另一个同学质疑道。但严老师并不怀疑,而是向钱伟长投去赞许的目光,示意他上台。钱伟长仿佛没有听到同学们的冷嘲热讽,坚定地走上讲台。他认真地盯着黑板,全神贯注地演算着,不一会儿就把黑板写满了一半。这时他停下来检查了一遍,但又出人意料地把那些算式擦掉,重新演算,如此反复好几次。时间一分一秒地过去,10多分钟后,他依然没有得出答案,不由得紧张起来,转过身窘迫地对严老师说:"老师,这道题容我课后做行吗?"严老师微笑着点了点头。

晚自习时,教室里异常热闹,同学们三三两两地坐在一起，热烈地讨论着，只有钱伟长一个人默默地埋头演算，草稿纸上全是密密麻麻的算式和数字。他还在演算白天的那道题，但一直到晚自习结束，他都没有解出来。学校的作息制度很严格，学生们在熄灯铃响后纷纷离开教室，钱伟长也失落地回了宿舍。他和衣躺在床上，辗转反侧，一直在思考白天的那道题，并由此引发了他一连串的回忆。

刚到苏州中学上高中时，钱伟长对代数、几何、物理、化学、生物和英语等课程非常陌生，因为有的科目他在初中没接触过，有的没有系统学习过，学起来相当吃力。每次上这些课，他都不由自主地胆怯起来，害怕老师向自己提问。而文学、历史和地理，他学起来就轻松多了。当时钱穆担任国文老师，他从《诗经》讲到《史记》，从六朝文赋讲到唐诗宋词，从元曲讲到桐城学派。对钱伟长来说，四叔的文学课就像一场华丽的听觉盛宴，是一种美的艺术享受。杨人楩的外国史课，讲法国大革命的故事；吕叔湘的中国史课，讲历代王朝的更替、文臣武将的韬略。这些对钱伟长来说，似乎有着音乐般的节奏、神话般的色彩，极富魅力，这些课强烈地吸引着他。地理老师陆侃舆和蔼可亲、循循善诱，总是耐心地教学生画分省地图，画铁路、公路，画河流、湖泊，画高山、大海。这种地图上的"旅行"，也使好奇心强烈的钱伟长感到别有一番趣味。

当时钱伟长唯一感到头疼的就是那些枯燥而复杂的公式、定律、推理和演算，但他明白，不管多困难、多吃力，都必须克服。为此,他把所有时间和精力都放在了学习上。每逢周日,其他同学相约出去游玩,只有他雷打不动地出现在自习室,埋头学习那些不擅长的理科课程。

正当钱伟长沉浸在回忆中时,有人拍了一下他的肩膀,他翻身一看,原来是严晓帆老师,他急忙下床立在床边,恭敬地问道:"严老师,您找我有事吗?"

严老师微笑着说:"没什么事,就是来问问你白天那道题做出来了吗?"

"还没有。"钱伟长小声回答道。

"那就先放一放吧,你今天的作业做得不太好,有很多错误,我已经把它们指出来了,你看一下能不能自己改过来。跟我来吧!"严老师温和地说。

于是,钱伟长来到严老师的宿舍,在严老师的指导下开始检查自己的作业,他发现很多地方是因为粗心大意而做错了,一定是白天太专注于那道难题,马马虎虎完成了作业。想到这里,他不好意思地红了脸,连忙把错误一一改正过来。等到钟敲11点时,他终于把错题改完了。

这时,一直在旁边认真批改作业的严老师说话了:"伟长,夜深了,改完就早点回去休息吧,明天才有精神上课。"钱伟长答应着,把改好的作业恭敬地交给严老师,然后回到宿舍。半夜他醒来时,发现严老师的屋里还亮着灯,敬意油然而生。这件事无形中拉近了他与严老师的距离。

第二天晚上，自习室熄灯后，钱伟长敲响了严老师宿舍的门。随着严老师的一声"请进"，他轻轻推开门，走到严老师面前。严老师惊讶地看着他，问道："伟长，这么晚了，找我有事吗？"

"老师，今天我的作业还需要改正吗？"钱伟长恭敬地问道。严老师放下手中的红笔，微笑着说："不用，今天的错误比昨天少了很多。"他站起身来，招呼钱伟长坐下，接着说："伟长，我看你在数学上很有前途。你聪明，也肯用功。当然，除此之外，钻研数学最主要的还有两条：一是不能作假，这一点你是能够做到的；二是要认真，学数学马虎不得，这一点你还需继续努力，要养成认真的习惯。"

"是，我一定照您的话去做。"钱伟长郑重地回答道。

已经晚上10点了，钱伟长还没有离去的意思。严老师问他还有什么事，他局促地用两手搓着衣角，低声问道："我……我能在您这里看会儿书吗？"

"行，当然可以啊！"严老师笑着站起来为钱伟长收拾桌子，并搬来一张凳子，嘱咐道，"不过，你不能看得太晚，11点之前一定要回去睡觉。"钱伟长痛快地点了点头。

从此，在严老师的宿舍里，就有了钱伟长一个固定的座位，也正是从这时起，他养成了"开夜车"的习惯，并将这个习惯保持了一生。

第二章　从清华到西南联大

为了使祖国不受欺侮，钱伟长决定弃文学理，走科学救国的道路。此后，校园里经常可见他勤奋学习的身影。此时中国仍处于战乱之中，他坚守理想，刻苦钻研，不仅在学术上硕果累累，还遇到了同样心怀家国的师妹，两人志同道合、情意相投，收获了甜蜜美好的爱情……

1. 文科状元与理科盲

中国文学和历史博大精深，就像一个浩瀚无边的海洋，而钱伟长就是在这个海洋中自在遨游的鱼儿。由于在文科学习上得心应手，钱伟长梦想自己将来成为一名文学家或历史学家。

在苏州中学读书时，钱伟长每读完一本书，都要认真地将自己的感悟写下来。正是这些笔记，激发了他写作的欲望。刚上高三时，他利用自己积累的资料，写出了人生中的第一篇科学论文——《春秋战国时期日食考》。

写成之后，他又找了很多外国的日食记录来验证文中材料的可靠性，做了一番去伪存真的修改。老师们对这篇论文给予很高的评价，还把它当作范文放在阅览室里供其他学生参考学习。这篇论文还获得了江苏省高中论文奖。正是从这篇论文开始，钱伟长隐约触摸到了把文学与科学联系起来的纽带。

　　钱伟长刚上苏州中学时，四叔钱穆也在那里教书，但教书时间并不长。1930年秋，在历史学家顾颉刚的推荐下，钱穆受聘到燕京大学开授国学课。1931年夏，钱穆又被聘为北京大学副教授，并兼授课于清华大学。这时，钱伟长恰好高中毕业，钱穆从北京来信，嘱咐他到上海多报考几所大学。于是，钱伟长每天在报纸上搜集招生广告，然后选择报考学校，最后他考了清华大学、中央大学、浙江大学、交通大学、武汉大学和"清寒奖学金"，并且全部通过。"清寒奖学金"由实业家吴蕴初设立，向考取大学的贫寒优秀子弟每年提供300元奖金。

　　选择学校的时候，祖母和母亲想让钱伟长上南京的中央大学，因为离家近。但钱穆认为清华大学是最佳选择，那里师资雄厚，是全国闻名的高等学府。最后，钱伟长听从钱穆的建议，选择了清华大学。

　　在这次入学考试中，钱伟长之所以能同时被五所大学录取，得益于当时的考试科目与制度。如果这些学校都考数理化和英语，钱伟长极有可能一所大学也考不上，因为他偏科太严重了。幸运的是，当时各大学入学考试都由学校自主命题，而且不分科录取，只看总分。钱伟长虽然数理化和英语成绩差，但他的国文和中国史成绩却十分优秀。

　　当时，清华大学入学考试的国文、历史的出题人是历史学家、清华大学教授陈寅恪。国文考试中有一道题目是对对子，上联是"孙行者"，要求考生对下联。陈寅恪设置的标准答案是"胡适之"，有个考生写的是"祖冲之"，陈寅恪觉得这个答案也很恰当。作文题目是"梦游清华园赋"，有一名考生写得文采斐然，陈寅恪毫不吝啬地给了满分。

这个厉害的考生就是钱伟长。钱伟长从未到过清华园，但他凭借丰富的想象力和文学天赋，只花了 45 分钟，便写出了一篇行文流畅、气势恢宏的《梦游清华园赋》。

当时，钱伟长的四叔钱穆在北京大学任副教授，教授中国上古史、秦汉史和中国近百年学术史，同时还在清华大学兼课。陈寅恪把这份满分的考卷拿给钱穆看。钱穆看后，觉得笔迹十分眼熟，像是侄子钱伟长所作。放榜后，果然就是钱伟长。后来，这篇让大家惊奇的《梦游清华园赋》被刊登在清华大学周刊上。钱穆觉得这篇赋写得太张扬，为此批评了钱伟长，告诫他不要那么锋芒毕露。但多才的钱伟长一直没有学会藏拙，以至于在后来的人生道路上遭遇许多坎坷。

而历史考试的题目是，写出二十四史的名称、作者、卷数和注者。这道题难倒了许多考生，而钱伟长从小博览史书，做起来自然得心应手，结果他的历史也考了满分。历史系的教授对钱伟长的答卷特别满意，希望他到历史系学习；而中文系的杨树达教授很欣赏钱伟长的那篇作文，希望他到中文系学习。不过，他的理科成绩很糟糕，数理化三科分数加起来只有25分，而其他同学都在200分以上，钱伟长英文考得也不好，但他国文、历史成绩出众，最终被清华大学录取。

像钱伟长这样以文理悬殊的成绩进入清华大学的考生早有先例：1929年，钱钟书考入清华大学，数学成绩是15分；1930年，吴晗被清华大学录取，数学成绩是零分。正是清华大学的不拘一格，才成就了中国文化史上一颗颗闪耀的明星。

试想，以如此惊人的文科成绩进入大师云集的清华大学，如果钱伟长后来没有改学物理，势必会成为一位出色的国学大师。但他后来改变方向，选择了物理，这让很多人感到迷惑，而迎接他的又会是怎样的未来呢？

2. 有志青年弃文学理

钱伟长爱国之心的觉醒，是在清华大学的入学考试之后。当时，他在难度很大的历史考试中考取满分100分。而多年来他也一直把自己的奋斗目标锁定为文科，憧憬在不久的将来成为中国的文学家或史学家。从考场出来后，他如释重负，漫无目的地来到外滩散步。而这次散步，成为他人生道路的一个转折点。

外滩海关大楼发出沉闷的钟声，码头上人头攒动，熙熙攘攘。路上偶尔有黄包车载着外国人经过，外国人的脸上总是一副趾高气扬的神情，令人厌恶。而中国人大多衣衫褴褛、一脸菜色。钱伟长走着走着，天色黑下来，月亮升上天空。月光铺洒在黄浦江上，江面泛起清冷的涟漪，外国军舰刺耳的汽笛声像钢针一样划破他内心的平静。

不知不觉中，他来到了外滩公园门口，打算进去休息一会儿。铁栅栏大门旁边一块醒目的牌子吸引了他的目光，"华人与狗不得入内"，看着这几个字，他感觉自己全身的血液直往上冲，愤怒使他全身剧烈地颤动起来。

作为一个血气方刚的中国人，他感到自己蒙受了奇耻大辱，恨不得冲上去砸碎这一切。他知道，这块牌子只是一个标示，中华民族近百年遭受的屈辱难以尽数。

自1840年鸦片战争以来，英国、美国、俄国、日本、法国、德国等帝国主义国家，先后对中国发动了多次侵略战争，并采取各种政治、经济、文化侵略手段，迫使腐败无能的清廷签订了一个又一个不平等条约，列强不断割占中国领土，掠夺中国财富。列强在中国领土上驻兵，开设银行、矿厂，逐步控制了中国的通商口岸、海关和交通，还想方设法垄断中国的金融，甚至操纵中国的政治。

想到这里，钱伟长心中怒火升腾，他痛恨帝国主义列强对中国的蹂躏，也对中国政府的腐败无能感到愤怒和悲哀。帝国主义列强为什么敢欺负我们？因为他们比我们强大，而他们强大的力量源于科学的进步。我们落后，落后

第二章 从清华到西南联大

就要挨打,所以,我们要努力发展科学。只有依靠科学,祖国才能强大起来。

1931年9月,钱伟长怀着求知的渴望来到清华大学。就在他迈入大学的第三天,9月18日,日本帝国主义发动了"九一八"事变,不久东北三省沦陷,民族危机感弥漫在整个清华园上空。年轻气盛的学子们热血沸腾、义愤填膺,为了反对政府的不抵抗政策,他们勇敢地走上街头游行示威,甚至冲动地想要去南京请愿,要求政府抗日。

清华大学的学子们在圆明园举行了集会,钱伟长也报名参加。那是一个秋风萧瑟的日子,站在圆明园遗址上,钱伟长的心头之痛越发难以抑制。这个举世闻名的皇家园林,这个凝结了好几代中国人民心血的文化瑰宝,如今满目疮痍,只剩下断壁残垣,屈辱感再一次涌上钱伟长的心头。

当时清华大学招生考试并不分系,录取之后考生可以根据自己的专长选择专业。钱伟长下定决心,弃文学理,走科学救国的道路。在室友殷大均和何凤元的建议下,他最终选择了物理系。

清华大学物理系的吴有训教授是著名的物理学家、中国近代物理学的先驱、中国物理学会的创始人之一。他曾到美国芝加哥大学留学,跟随康普顿教授(1927年诺贝尔物理学奖获得者)从事物理学研究,于1926年获博士学位。康普顿的《X光学》一书中,有30多节引用了吴有训的结论,所以国际上也将"康普顿效应"称为"康普顿-吴效应"。从1928年8月起,吴有训历任清华大学物理系教授、系主任,理学院院长。

钱伟长选择物理系,也可以说是出于对吴有训的敬仰,慕名而来。此前清华大学物理系一般只招收10人左右,而钱伟长这一届却有99人选择物理系。对于理科总分只有25分的钱伟长来说,进物理系的确不太现实,这也难怪吴有训在注册选系的第二天就找他谈话了。

吴有训耐心地劝他:"你的数学、物理和英文考得都很差,但你的历史和国文都是满分,你的文章也全校闻名。根据你的情况,中文或者历史都是更好的选择啊!"

倔强的钱伟长却坚定地回答:"要打仗,中文、历史都派不上用场。中国老吃败仗就是因为飞机大炮不如人家。我要读物理!"

吴有训的态度也很坚决,他表情严肃地说:"物理系每年就收这几个学生,你以这样的理科成绩进物理系,会占别人的名额。想造飞机大炮可以,但要让那些在这方面有才能的人去造。你觉得自己是这方面的人才吗?我和陈寅恪教授、杨树达教授都很熟,从没听说历史、国文不能救国的!"

尽管吴有训语气坚决,但钱伟长并没有气馁,执拗的他每天早上6点就等在吴有训的办公室门前,只要吴有训一到,他就紧随其后,"软磨硬泡",弄得吴有训无法办公。

此外,钱伟长还聪明地找来叶企孙教授做"后援"。叶企孙早年从清华大学肄业后赴美,1920年毕业于芝加哥大学,获学士学位;之后又在哈佛大学获哲学博士学位。回国后,他在清华大学担任理学院院长,极受清华大学校友敬重,吴有训也非常敬重他。

叶企孙十分赞赏钱伟长的做法,认为国难当头,年轻人能为救国而弃文学理,理应支持。他得知钱伟长物理学得不好,还笑着鼓励他说:"物理这东西,其实跟历史一样。《史记》中有'太史公曰',物理定理也像'太史公曰'一样,但需要融会贯通,不能死记硬背。"他还建议钱伟长请钱穆疏通文史两系的教授,以求得到教授们的谅解和支持。因为当时中文系的杨树达教授非常看好钱伟长在文学方面的前途,认为他除了英文比较差外,国文可以和钱钟书相媲美。陈寅恪教授也认为钱伟长的文史基础很好,学文科更有前途。

钱伟长听从叶企孙的建议,告诉四叔钱穆自己决定弃文学理。钱穆听了非常高兴,认为侄子能够从国家利益出发选择学习方向,是个有抱负的青年,满口答应代为说服陈寅恪和杨树达两位教授。

最后,教授们都被钱伟长的执着和爱国热情感动,吴有训也逐渐转变态度。在民族存亡的危急时刻,他何尝不是忧心忡忡,何尝不想科学救国呢?吴有训的妻子在1931

年9月18日深夜生下一个儿子,第二天,妻子激动地请他为孩子取名,他满脸悲愤地说:"昨天日本人发动了战争,国家正陷入危机中,再不警惕,我们就要亡国了。孩子在这个时候出生,就叫他'惕生'吧!"

吴有训曾私下向钱穆等人打听钱伟长的品性,得知他勤奋刻苦、坚忍不拔后,终于放下心来。他对钱伟长说:"你可以进物理系,但有个条件,那就是一年级结束时,你的数理化成绩必须每科达到70分以上。如果达不到,就得转回中文系。"为了能够留在物理系,钱伟长激动地答应下来。

3. 跻身"清华五虎将"

20世纪30年代,学生大都穿长袍,因为长袍体面。但直到前往清华大学报到前,钱伟长还没有一件像样的长袍,婶母就把给别人做的一件长袍拿给他穿。1931年9月16日,钱伟长穿上了平生第一件崭新的长袍,但这件不合身的长袍却使他显得更加矮小了。

按照规定,新生报到的第一天,要到体育馆进行体检。当时主管这项工作的是从事体育教学的马约翰教授。体检的第一项是量身高,标杆的起点是1.5米,但从小体弱多病、缺乏营养的钱伟长只有1.49米,连清华大学最低的体检身高要求都达不到,站在标杆下还不到起点的高度。

"Out of scale!"马约翰教授惊奇地喊道。钱伟长英语很差,不知道这话是什么意思,后来有人告诉他,是不合格。接着,测体重,体重过轻;测肺活量,肺活量不足。钱伟长站在测量器上滑稽的样子,引来一些调皮同学的哄笑。

钱伟长担心体检不合格,清华大学会拒收自己,决心在最后一个体检项目——跑步上加把劲。跑步就是绕着操场跑一圈,大约400米。跑步口令一下,钱伟长拔腿就拼命地跑起来,一圈跑完,他几乎气绝,当场躺在了操场上。

马约翰教授被这个瘦弱的小伙子的拼劲打动了,笑着对身边的夏翔先生称赞道:"这个小伙子很不错,很有拼劲,体能不及格,可以锻炼嘛!"就这样,身高不到1.5米的钱伟长成了当时清华大学史上个子最矮的新生。

清华大学非常注重学生的体质,强调体育锻炼,但许多新生不愿意参加,于是就诞生了一个名叫"拖尸"的玩笑式的不成文"规矩"。每天下午一到体育锻炼时间,就有高年级的学生专门到图书馆、教室和宿舍,拉那些不爱运动的新生去参加体育锻炼。钱伟长一开始也属于"不爱动"一族,在他看来,锻炼几乎是浪费时间,抓紧时间读书才对。为了逃避锻炼,他还跟高年级学生玩过几次"捉迷藏"的把戏。但是不久后,一个偶然的机会却使他在操场上一显身手,并意外地跻身运动员之列。

1931年冬，清华大学举行年级越野锦标赛。比赛即将开始，其他年级的代表队和啦啦队都各就各位，唯有一年级的队伍因队员迟到还待在场外。就在大家急得团团转时，弱小的钱伟长抱着一摞书从图书馆走出来，穿过操场朝宿舍走去。几个队员像看见了救星一样，忙不迭地向他跑去。越野队队长一把拉住钱伟长，气喘吁吁地说："比赛就要开始了，但咱们年级还差一名队员。快，你就来凑个数吧！"其他几名同学也不等钱伟长说话，拉着他就走。

从来没有体育比赛经验的钱伟长一下子慌了神："不……不行，我哪行啊！"可这时他已经身不由己了，几个同学七手八脚地帮他脱下长袍、布鞋，换上队服、球鞋。钱伟长无奈，只好硬着头皮上场。

哨声一响，早已整装待发的40名运动员冲了出去。他们要从校外绕一个大圈，再回到清华园，全程4000多米。从未参加过长跑的钱伟长跟着其他队员，奋力奔跑，但他毕竟是凑数的，平时没参加过训练，很快他的脸就跑得通红，感觉脚下像灌了铅似的迈不开，呼吸也开始不畅，喉咙发干，头脑昏沉。但他没有停下来，而是咬紧牙关，以顽强的毅力拼命向前冲。比赛结果让大家备感惊讶，他居然得了个中等名次。

这次比赛后，马约翰教授破格将这个瘦弱矮小的年轻人选入校越野队。他认为越野赛最需要的就是意志和耐力，而钱伟长恰恰拥有这两种特质。钱伟长也通过这次比赛增

第二章 从清华到西南联大

强了自信心,爱上了体育运动。

从那时起,每天下午4点半到6点,不管风吹雨打,钱伟长都坚持到操场上跑步训练,并给自己设下训练目标:每两天跑一次颐和园,往返路程约4000米;每两周跑一次西直门,往返路程约8000米;每月坐车前往天安门,以此为起点,跑回清华园,全程约12000米。他永远记得马约翰教授的教导:体育运动,锻炼体质是次要的,更重要的是锤炼自己的意志,通过坚持不懈的努力,不断克服缺点,战胜自我。

万事开头难,但只要坚持下去,就会打开新的局面。在日复一日的训练中,钱伟长不仅体格日渐强壮,身高也从1.49米长到1.65米。他所在的越野队,代表清华大学连续5年获得北平市大学运动会的冠军。钱伟长还被称为"清华五虎将"之一。

一开始,钱伟长重点练习的是越野和低栏项目,之后又参加了足球、长跑和十项全能。除了经常参加学校的运动会外,他还多次代表清华大学参加校际比赛,成了当时全校闻名的体育健将。尽管学习很紧张,但他后来几乎没有停止过体育锻炼,即使是在时间紧张的考试前,他也雷打不动地坚持。

在以后的几十年里,钱伟长深刻地体会到,科学研究是一项非常艰苦的脑力劳动,而从事科学研究和在运动场上进行体育比赛一样,都需要坚强的意志、持久的耐力和奋勇向前的精神。

4. 物理系的"拼命三郎"

钱伟长进入物理系时,吴有训教授提出的条件并没有让他动摇,反而让他更加坚信自己的选择,决心用勤奋和刻苦达成目标。然而,理想实现起来并不容易。

当时,理学院的教授都用英语授课,教材和参考资料也都是英文版。钱伟长的英语本来就差,根本看不懂这些高深的大学课本,而最让他心悸的莫过于老师的课堂提问。

为了能听懂课、看懂书,钱伟长向英语发起了"猛攻"。课前、课后、饭前、饭后、走路时、临睡前,他手里无时无刻不拿着一本英语单词书,用争分夺秒来形容一点也不为过。同学们每次见到钱伟长,他不是在轻声朗读课文,便是在默写单词。置身物理系这个人才辈出的环境中,他知道,要想进步,必须付出比别人更多的努力。"书山有路勤为径,学海无涯苦作舟",每当学习上遇到困难,他就会想起自己进入物理系的初衷,想起自己科学救国的信念,想起清华大学"自强不息,厚德载物"的校训。

这一年,他每天的睡眠时间只有5个小时。清晨6点,很多同学还在睡梦中时,钱伟长已经悄悄起床,抱着厚厚的书本离开宿舍,前往教室学习,这是他给自己规定的

"早自习";晚上 10 点,宿舍熄灯,只有卫生间的灯还亮着,钱伟长便坐在卫生间的一角,在微弱的灯光下继续学习,直至深夜。

因为英语基础薄弱,钱伟长看英文教科书时,不得不挨个单词查字典。不到一年时间,那本厚厚的英文字典就被他翻得破烂不堪。有志者,事竟成。正是凭着这股拼劲,他的英语很快就赶了上来,他终于能够看懂课本的内容,听懂老师的提问和讲解。1984 年他在无锡江南大学作报告时,曾专门提到自己学习英语的有趣经历:

我原来读私塾,就是四书五经。我的英文很差,进入新的学校(即苏州高中)我还是学文史,因为我家里头是搞文史的。到了大学里,科学救国,我念物理。那时根本没有中文的教科书,干脆就用英文教,这可要命。数学、化学也是英文教科书,大一物理系三本教科书。我的英文连 ABC 也才刚刚学会,你说怎么办?我是一年里头赶上去的。我一年里就是拿着这个教科书查字典,从第一个字查起,查了以后背,一天背二三十个生字,就是那么干。搞了一年给我学会了。我能看书,看不懂,又是什么也不干,我就是查字典,查坏了好几本。查了第一个字叫 chapter,第一章的章,我不认识它,就查了,以后是引论也查了,查了我就背。背是 ABC 那么拼法背,发音也不准,没关系,问题不大,我又不跟外国人去讲话,发音不准又有什么关系,为什么非得是伦敦口音?我只要看懂就行。一年以后也及格了,居然也能用英语答卷。当然文法错误很多,老师很原谅我。我不光看课堂上教的,只要是同类的书我都看,到毕业的时候,我就可以写论文了。后来考了公费出国,这下糟糕了。那时没有飞机,只好坐船。坐船是个难题,这个船上吃饭都是用英语的,这可难了。那张菜单非常难念,上面有二十几个菜,每个菜都不懂什么意思,真不懂。那怎么办呢,我从上往下吃,我也不说什么菜。结果,第一天我要了三个汤,前头五个是汤,我不懂,没有办法,因为我没学过"*Follow me*"。后来,人家说,我们帮你叫吧。你要叫菜了,就这么狼狈。到了学校,我说我要学英文,不能再这样,否则无法学习。我不能在学校学,我的志愿是在家里学。我就找了所房子,那个房东老太太的话我是一句也听不懂,我说的是中国英文,生活非常困难。可是我有一天去找老师,我就给他讲专业,完全相通的。当然我发音不准,文法有错误,关系不大,老师全听得懂。我们两个人讨论,整整讨论了一天。我就告诉他,我为什么学这个,我自己有了题目,想这样做,对不对;他也讲了,他也在做这个题目,那么很好,就讨论开了。一天讨论下来,说行了,我们现在做的工作已经足够了,发表了一篇论文,我和他联合写了三篇文章,一下就发表了。我写他改,他给我改文法,我的文法错误很多。我的博士论文第一个月就完成了,立刻就发表。跟老师交流一点困难也没有,就是生活语言,我是困难的。那怎么办呢?我就听广播,那时没有电视,只有收音机,我就听这个,看报纸,不到一个月,我的生活就行了。

钱伟长一度认为自己是清华大学校园里最用功的学生,但某天清晨,他和平时那样来到教室上"早自习"。刚到教学大楼门口,他就看见一个瘦高且头发蓬乱的年轻人夹着书本,一瘸一拐地从大楼里走出来,悠闲地散步去了。他不禁暗暗惊奇,竟然有人比自己起得还要早。

第二天早上晨光熹微时,钱伟长又从宿舍往教室赶,远远就看到教学大楼的一个窗户里透出微亮的灯光。他心里猜到了几分,于是悄悄走到那间教室门口,只见那个年轻人正坐在里面专心致志地看书,看样子他已经来了很长时间了。钱伟长内心的敬意油然而生,同时又很好奇这个人的身份。

经过打听他才知道,这个年轻人是数学系新来的助理教员,也就是日后中国著名的数学家华罗庚。他还得知华罗庚中学时数学成绩并不好,现在能成为清华大学数学系的助教,完全是靠自学,利用业余时间旁听数理化课程,所以他每天3点便起床,当钱伟长6点多到教室时,他已经学习3个小时了。华罗庚刻苦钻研的精神激励着钱伟长,使他比以前更勤奋了。后来,他们还成了很要好的朋友,各自成为数学系与物理系最优秀的学生。

就这样,钱伟长用 3 个月的时间,把中学时落下的数理化课程读完,然后又补上了大学的课程,一年以后,他所有科目的成绩都达到了 70 分以上。在一同转入物理系试读的 5 名学生中,只有他一人达到吴有训教授的要求。吴有训教授在惊讶的同时,也非常满意和欣慰,由此格外注意这个浑身充满闯劲的年轻人。

当时清华大学的老师都会在课堂上布置很多作业,但钱伟长对此并不满足,他不断给自己提出更高的要求,设立更长远的目标,其中一项就是多读书。

清华大学图书馆的藏书非常丰富,只要有时间,钱伟长就到图书馆读书,贪婪地从物理学大师们卷帙浩繁的典籍中吸取知识。牛顿、马赫、麦克斯韦、伦琴、爱因斯坦……都是他在书籍海洋中的老师。他沉迷在钻研科学的快乐中,甚至连喜爱多年的文学、历史都搁置一边了。

有一天下课后,钱伟长从教室来到图书馆,怀里还抱着一大摞刚刚看完的书。在走廊里,他碰巧遇到了吴有训教授。看见他怀里的书,吴有训笑着问道:"钱伟长,听说你最近读了不少书,是吗?"

钱伟长谦虚地点了点头。吴有训又温和地问道:"读书时发现了一些什么问题?"

钱伟长不好意思地摇了摇头。吴有训见状,脸色变得严肃起来,他沉思片刻,语重心长地说:"你不要以为写在书本上的东西都是正确的,都已经完善了。如果这样,你读书时就只能装别人的知识,而不会有所创造,钻研就不会有所突破,对科学也不会有什么大贡献。你读书的时候,应该注意一下:作者的分析是否全面,结论是否正确,他的观点还能引申到哪些方面。这样,每读一本书,就可能会发现一些新问题,将来才能有所创造。"

吴有训这番意味深长的教导,为钱伟长开辟出一条读书的新思路,使他明白读书不仅要用功,而且要得法,还应有总结有发现。他曾在一篇文章中写道:"在清华大学物理系本科4年中,我得到了终生难忘的良好教育。体育教授给了我强健的体魄,物理教授则给了我深厚的基础知识。"尤其是吴有训教授的教学方式,令钱伟长印象深刻。吴有训上课不是照本宣科,而是将物理课程分成100多个题目,每节课集中讲一个。比如"质量"这个题目,他会从质量的概念讲起,循循善诱,利用多个例子讲述质量的定义,再进行多个实验来论证自己所讲的课题。最后,他还会指定一些必读书目,让学生们阅读,以加深理解所学。钱伟长认为吴有训教授的教学过程,如同带领他们欣赏一首优美的诗词,将人们认为沉闷的物理课变成一种探索与享受。

这以后,钱伟长总是随身携带一个小本子,把自己在读书过程中的疑问写下来,久而久之,小本子上的问题越来越多。后来,他对这些问题进行仔细整理,把那些既有意义又在自己解决范围内的问题集中起来,进行深入思考和研究。

　　当时，学生们都很珍惜来之不易的学习机会，上课几乎没有人迟到、早退或者缺席。物理系的学术气氛十分浓厚，师生之间经常进行学术讨论。在吴有训、叶企孙、周培源等教授的努力下，物理系的研讨会开展得十分频繁，还邀请了不少欧美著名学者前来讲学，如英国著名物理学者保罗·狄拉克、丹麦著名物理学家尼尔斯·玻尔、法国物理学家保罗·朗之万等。

　　物理系的老师还十分注重学术的相通性，在教授物理知识的同时，也鼓励学生选修其他系的课程，比如与物理学联系密切的机械系、数学系和电机系等。这对学生在学习期间建立学科之间的知识联系起到重要作用，虽然只有短短 4 年的学习时间，但是学子们收获的远不止一个专业的知识。

　　在吴有训教授的指导下，钱伟长选修了数学系的高等分析、复变函数、微分几何，以及化学系的有机化学、定量分析等，受益匪浅，思维能力和逻辑能力都得到很大提升，为日后的科学研究工作打下了坚实的基础。钱伟长曾把自己比作一株小草，清华园便是培育他的沃土，他在这里蓬勃生长，养成了挺拔向上、自强不息的精神。

　　转眼间，钱伟长升入大四，即将告别充实而难忘的大学生活。在这最后一年，即 1935 年，他取得了傲人的成绩。在吴有训教授的指导下，他和同学顾汉章合作完成了一篇论文——《北京大气电的测定》,并于同年6月在青岛举行的物理学年会上宣读。论文给出了我国自行测定大气电量的第一批数据,受到物理学界的普遍关注。这是钱伟长从事科研工作的"开山之作"。

同年,钱伟长以优异的成绩从清华大学物理系毕业。这也意味着支持他顺利念完4年大学的吴蕴初"清寒奖学金"终止了,他再次陷入为生活而忧愁的泥淖里。同时,他又走到人生另一个十字路口,面临关系到未来前途的重大选择。1935年夏,他参加了两项考试:中央研究院南京物理研究所的实习研究员考试和清华大学物理系的研究生考试。结果两项考试都顺利通过。

当时,中央研究院南京物理研究所在全国只招一个实习研究员,机会难得,每个月还可以拿到100元工资;而清华大学物理系的研究生每个月只有60元津贴。钱伟长上有寡母,下有幼妹(弟弟于1930年不幸夭折),她们的生活一直靠怀海义庄和四叔钱穆的资助勉强维持。作为长子的他不得不考虑这一点,于是他决定去当实习研究员。

但钱穆却不同意钱伟长就此终止学业,他找到钱伟长,语重心长地说:"伟长,你读完大学,按说已经了结了你父亲和我的心愿。但你在物理学方面的天赋,大家都有目共睹。所以,你不读研究生,就不算是真正完成学业,还是继续读书吧。家里的事情你不用担心,有我在呢!"看着四叔鼓励的眼神,钱伟长感激地点了点头。

紧接着，吴有训教授又给钱伟长带来一个激动人心的好消息：由于考研成绩优异，钱伟长获得了每年 300 元的"高梦旦奖学金"，连续 3 年。"高梦旦奖学金"是已故商务印书馆总编辑高梦旦用遗产设立的，每年仅资助一人。就这样，钱伟长顺利成为清华大学物理系的研究生，主攻 X 光衍射，导师是吴有训。

读研期间，钱伟长没有局限于 X 光衍射的研究，还跟随其他教授做了很多课题。比如，他在黄子卿教授的指导下研究了溶液理论，并合写了一篇论文；又在叶企孙教授的指导下，研究分析了铈的原子光谱学。在"七七"事变后日军占领北平时，他还对气体的状态和弱性薄板的弯曲等问题做了一些研究，并取得很大的成果。

如果说钱伟长在上清华大学之前，在家庭环境的影响下养成了坚忍、勤奋的品质，那么清华大学赋予他的不仅仅是坚实宽广的学科基础，还有认真严谨的科研态度，让他逐渐成长为一位真正优秀的科学家。

在清华大学度过的 7 年，是钱伟长一生中最难忘的 7 年，直到花甲之年，他依然不时回味那段忙碌而充实的快乐时光。

5. 南下抗日宣传

"九一八"事变后,东北三省沦陷,贪得无厌的日本侵略者又将目光转向了华北五省,并在1935年下半年发动华北事变,控制了察哈尔(旧省级行政区),通过掩人耳目的方式收买汉奸建立傀儡政权,制造"地方自治"的假象。值此危急关头,国民党政府却一再退让妥协,使中华民族面临空前的危机。

1935年12月9日,中国爆发了"一二·九"抗日救亡运动,这是中国近现代史上著名的学生爱国运动。北平数千名学生在中国共产党的领导下,举行了声势浩大的抗日示威游行。国民党政府预先得知情况,迅速下达戒严令,在一些主要街道设置了路障和岗哨。游行当天,部分学生被警察阻拦,双方一度发生冲突。

"一二·九"运动爆发时,钱伟长正在清华大学读研究生。作为一名爱国青年,他自觉加入这场轰轰烈烈的学生运动,和同学们一起参加了示威游行。在凛冽的寒风中,激愤盈怀的青年学生一齐高声呐喊"停止内战,一致对外""反对华北五省自治""打倒日本帝国主义"等口号,迈着坚定的步伐向市区挺进。令人愤怒的是,反动军警竟然关上了西直门,城外几所大学的游行队伍被挡在西直门外，无法进城。

　　傍晚时分，一些进城游行的学生设法冲出重围，回到学校。同时传来消息说，军警用刺刀、水龙头、棍棒和皮鞭，对手无寸铁的学生进行野蛮镇压。钱伟长想象着那些血腥残忍的画面，禁不住怒火中烧。12月16日，他再次义无反顾地走出实验室，投身示威队伍中。

　　学生的爱国示威活动在北平城内蔓延，这一形势使国民党政府惊恐万分，他们采取行动，阻止一切与抗日救国有关的活动，对一些秘密活动的爱国人士进行残酷的镇压。与此同时，想尽办法封锁抗日消息，新闻检查部门对报纸上的进步文章强行拆版，这一做法被人们形象地称为"开天窗"。反动当局的种种无耻行径，更加激起了爱国者压抑已久的愤怒。不久，清华大学学生救国会接到北平学生联合会的通知，准备组织一支南下抗日自行车宣传队，在1936年1月15日前到达南京，揭露蒋介石接见所谓"学生代表"的真相，撕下他的爱国面具，将其卖国的丑恶嘴脸暴露出来；同时进一步揭露日本侵略者吞并华北的阴谋，沿途进行抗日救国宣传，唤起中国人民的觉醒。

　　清华大学学生积极踊跃地响应这一号召。很快，自行车南下宣传队成立了，共有20多人，钱伟长也是其中一员。1935年12月25日，这批爱国青年起程南下，每个成员的心中都燃烧着抗日救国的激情火焰。

当时从北平到南京,没有顺畅的公路,路途坎坷。自行车宣传队不顾劳累,沿途宣传抗日救国的道理。每路过一个城市,他们都会深入各个大学的师生中宣传抗日,鼓舞、激励民众,扩大抗日救国的队伍。

这次南下,让钱伟长印象最深的是中国农村令人触目惊心的现状。贫穷的村庄,落后的生产方式,还有那些流离失所、挣扎在死亡边缘的穷苦百姓,无不猛烈撞击着他那颗正直、善良的心。

有一天,他们正沿着运河前行,一个同学不小心连人带车掉进了薄冰覆盖的河里。大家七手八脚地把他救上来后,想找地方让他取暖烤衣服。正巧河边有户人家,可当同学们敲门说明情况后,开门的老大爷无论如何都不让他们进去。这时,一位善解人意的女同学走上前跟老大爷聊了聊,才知道老大爷的女儿只围了条破被子在家,不方便见人,因为刚刚出门的母亲穿走了她们共有的,也是唯一的一条裤子。还有一次,他们路过河北省唐官屯(今天津唐官屯镇),有2个同学因奔波劳累生病了,浑身发冷。20多个同学分头去借被子,等会合后才发现只有一个人借到了,其他人都是空手而归。原来,这个有1000多人的唐官屯竟然只有几户人家有被子。

他们还遇到了许多从东北逃亡南下的难民,从难民们口中得知,日本侵略者在东北三省烧杀抢掠、奸淫妇女,无恶不作。大家听了都痛心不已,一想到祖国此时此刻正在遭受日本帝国主义的蹂躏,危机感和紧迫感便涌上心头,同学们的抗日情绪更加高昂了。

沿途,钱伟长真切地体会到在反动派敲骨吸髓的压榨下,老百姓的穷困和苦难是多么令人心酸和悲愤。这次南下教育了宣传队的每一个成员,他们的宣传变得更有力、更坚决,他们的爱国行动也得到全国各地学生的热烈响应。

此外,南下抗日自行车宣传队在南下途中也发生了一些有趣的插曲。

他们离开徐州时,发现有几个骑着自行车的陌生人在后面尾随。队员们心里开始打鼓,他们边骑车边窃窃私语,猜测这几个陌生人的身份,有的说是便衣的军警,有的说是抗日追随者,也有的说是顺路的伙伴……大家你一言我一语,心中疑惑不解,但又不好主动询问。等到了安徽宿州的符离集,那些在后面跟了两天的人终于主动跟他们搭话,但语气很严厉:"你们要到哪儿去?"

"到南京去。"宣传队员们惴惴不安地看着他们答道。

"到南京去干啥?"那些人继续追问。

"宣传抗日救国。"宣传队员们心中有些忐忑,但仍镇定地回答。

"那你们有枪吗?"那些人的表情放松下来,语气也不再生硬。

"哈哈,我们怎么会有枪!"听到这个莫名其妙的问题,宣传队员们相互看了一眼,然后爽朗地笑了起来。

"哈哈……"问话人也跟着笑了。

队员们看对方没有恶意也就放心了,双方攀谈起来。原来,那几个陌生人是一伙专门劫富济贫的"绿林好汉",他们了解到学生们的身份和目的后,马上豪爽地提出:"不介意的话,我们护送你们到蚌埠。这一带是我们的地盘,有我们在,没人敢碰你们!"

宣传队员们半信半疑地答应了。经过一路上的了解,队员们逐渐打消疑虑,一行人有说有笑起来,他们谈国事谈世道,相处非常融洽,在蚌埠分手时,双方已是依依不舍。为了赶在1936年1月15日前到达南京,宣传队员们不得不在蚌埠换乘火车到滁州,然后再乘船过江,终于在1月14日下午抵达南京。

开始时,宣传队将开会地点选在金陵大学女生宿舍,但被军警发现,于是又在下午6点转移到金陵女子文理学院,不幸的是消息走漏,他们又被发现了。原来,钱伟长等人晚上住的那个小客店是特务开办的,他们的计划早被特务们偷听到了。

1月15日下午,按照计划,同学们要到中央饭店散发反对国民党政府消极抗日的传单,因为那是蒋介石为召见所谓的"学生代表"而住的地方。就在大家完成散发任务,匆忙撤出饭店时,前面的一位同学突然大喊:"不好,有特务!"队员们还未来得及反应,便被迅速追赶上来的军警团团围住。手无寸铁的学生们与军警展开了英勇的搏斗，但终因寡不敌众而被军警逮捕。

这时，清华大学校长梅贻琦恰好也在南京，他得知此事后，为避免学生们受到迫害，便向警方提出把学生们送回北平，交由校方处理。

最后，钱伟长等人在军警的押送下，从浦口登上了北上的火车。列车一路上发出沉闷的轰隆声，钱伟长看着窗外荒草丛生，秽污遍野，人们死的死，逃的逃，一片萧条冷落景象。他陷入了沉思。他不认为自己的此番行为有错，通过这次行动，他更清楚地看到了人民的疾苦与国民党政府的腐败无能，更透彻地了解了社会的黑暗和外国侵略势力的残酷。

6. 学术与爱情双丰收

"七七"事变发生后，北平陷入一片恐慌之中。为了保证师生们的安全，清华大学决定内迁，但要求学生自掏路费。钱伟长由于囊中羞涩，不得不留下，但他决心挣钱凑足路费，再追赶内迁队伍。

1938年5月，经学长何汝楫介绍，钱伟长到天津英租界私立耀华中学教初三和高一物理，兼女生班班主任，每月能拿到150元的薪水，所以他很快就筹够了路费。

1938年12月20日，钱伟长和汪德熙、苏元赫等4人由天津到香港，再转道越南去昆明。几经周折，他们在

1939年1月顺利抵达昆明,在西南联大与清华大学的师友们会合。

1939年2月,叶企孙教授被聘为中央研究院评议会秘书,必须到重庆上任,不能再教授热力学课程,为此,叶企孙找到钱伟长让他代教。钱伟长本来是以研究生复学的名义在西南联大学习的,这样一来,他便成了西南联大物理系的教师。叶企孙离开西南联大前,留给钱伟长一份不到10页的讲课笔记。钱伟长惊奇地发现,这份薄薄的笔记竟然吸收了金属学学术期刊上最新发展中利用热力学定律的内容。这一发现使钱伟长受到了很大震动,对他日后的教学生涯产生了深远影响。

后来,成为上海大学校长的钱伟长回忆道:"那份笔记使我体会到,在社会进步迅速的20世纪,要做一个合格的大学教授,就不能故步自封,而应该与时俱进地改变其基本理论的应用范围,这样才能使一门基础课及时地跟上科学发展的时代步伐。作为教授,要经常阅读大量有关科技的国际期刊,把那些营养成分消化吸收到讲课中去,才算真正尽了教授职责。这一发现给了我坚守终身的授课指导原则。我也渐渐开始摒弃,甚至鄙视那种一本教科书讲30年不变的教学方式。"

从1937年到1939年,尽管生活一直处于动荡之中,但钱伟长始终没有中断科学研究,还取得了很大的成就。这段时间,他在《中国物理学报》上发表了三篇光谱学研究论文,其中最有代表性的是《对稀有元素硒的单游离光谱分析》,首开我国稀土元素研究之先河。

硒的光谱是4f电子光谱的基础,是20世纪30年代用来验证量子力学计算的重要研究课题。该光谱线条众多,能位复杂,长期以来并未受到物理界的多少关注。直到1935年,哈斯帕斯才率先公布了一些分析结果,经钱伟长证明,其中大部分结论是不科学的。1937年,艾伯森和哈里森公布了他们从600条谱线中分析得到的一批能级。钱伟长以此为基础,做了很大的扩展,其研究结果恰好可以和玛吉诺观察到的"齐曼效应"相互校正。这一成果受到了国际物理学界的普遍重视,也成为研究稀土光谱的基础性工作。

同一时期,钱伟长还深入研究了弹性板壳的内禀理论。理论物理学家杨振宁曾说过:"一位研究者最重要的责任是要走到一个将来5年、10年、20年大发展的领域中去。他走进去了,研究就会事半功倍;但他要是走进一个已经是强弩之末的领域,那么再聪明的人也弄不出结果来。"而钱伟长研究的这个领域,正是将来会有大发展的领域。他消弭了所有质疑的声音,最后以一名科学家的敏锐嗅觉和科研素养,取得了令世人景仰的成果。

不过,论文还没来得及发表,钱伟长就要出国留学了。这个时候的他,已经成为一个在物理学界小有名气的新锐人物。

这一时期,钱伟长不仅在学术上硕果累累,还收获了美好的爱情。钱伟长与妻子孔祥瑛的相识相知,还要从

第二章 从清华到西南联大

1935年说起。

1935年12月9日,北平数千名大中学生举行了抗日救亡示威活动,孔祥瑛也参加了游行,她忘我地呼喊口号,声音很洪亮。同在游行队伍中的钱伟长听到她铿锵的喊声,看到这个充满朝气的女子,心中产生了一种莫名的情愫。他向来敬佩有胆识的女性,此后便开始留意这个师妹。

孔祥瑛是清华大学文学院国学系的学生,师从朱自清,是同盟会成员孔繁蔚之女。经过这次游行,她成了钱伟长心中的"女神"。早在几年前,曾有人替一位温婉的江苏女子向钱伟长的母亲提过亲,但被钱伟长婉言拒绝了。他欣赏的是有胆识又大气的女性,而孔祥瑛身上那种洒脱和坚毅的气质,深深地吸引着钱伟长。他此后有意无意地向她靠近,两人由此相识相知。

1937年"七七"事变后,清华大学与北京大学、南开大学在岳麓山下组成长沙临时大学。不久,长沙又遭日机狂轰滥炸,长沙临时大学不得不再度南迁。1938年2月,长沙临时大学转移到云南昆明,并于4月改名为国立西南联合大学,5月4日开始复课。

孔祥瑛随着清华大学一路南迁,钱伟长则因路费问题不得不暂留北平,直到1939年1月,两人才在昆明重逢。两年不见的他们看到对方后,都激动不已,共同的理想、共同的爱国热忱使他们最终走到了一起,爱情之花绚丽绽放。这一年,孔祥瑛从西南联大毕业。之后,两人慎重考虑后做出了结婚的决定，决意携手共度一生。

1939年8月1日，钱伟长与孔祥瑛举行了简单的婚礼。婚礼由物理系的傅孙义和化学系的汪德熙操办，主婚人是钱穆，介绍人、证婚人分别是朱自清和吴有训。中文系和物理系的师生们都参加了婚礼。

婚礼当天，有来宾笑着问孔祥瑛，她与钱伟长是不是一见钟情。孔祥瑛笑着摇摇头，答道："初见时，他很瘦弱，看起来没任何特别之处，但随着交往接触的深入，我发现他为人聪明能干，有强烈的爱国心和上进心，是个可敬可爱的兄长。"在婚礼举行的过程中，昆明上空响起了急促刺耳的空袭警报声，这时钱伟长带领众人唱起一首令人难以忘怀的抗日救亡歌曲。

中国不会亡，中国不会亡，
你看那民族英雄谢团长；
中国不会亡，中国不会亡，
你看那八百壮士孤军奋斗守战场！
四方都是炮火，四方都是豺狼。
宁愿死，不退让！宁愿死，不投降！
……

战火中的婚礼对他们夫妻有特殊的意义，伉俪情深与国仇家恨随同这支歌曲的韵律永远珍藏在他们的记忆深处。

第三章　从多伦多到加州

怀着学有所成、振兴祖国的愿望,钱伟长踏上了异国求学之路。他先是在多伦多大学应用数学系学习,专攻弹体力学,完善了他在西南联大研究的理论,崭露头角。获得博士学位后,他又被推荐追随冯·卡门教授研究火箭、导弹等世界前沿的相关课题。他以卓越出众的表现获得冯·卡门教授与其他研究同事的认可。

1. 出国留学的波折

1939年7月，中英庚款基金委员会第七届留英公费生考试，分别在上海、昆明、重庆进行。这是一个供有识之士继续深造的大好机会，钱伟长对此非常感兴趣。

这次公费留学只有20个名额，但报考人数却超过3000人，竞争十分激烈。而钱伟长报考的弹性力学专业仅招1人，机会更加难得。在这次考试中，他与郭永怀、林家翘并列总分第一。由于他们三人都很优秀，不分伯仲，招生委员会斟酌再三后，决定将他们全部录取。

同年8月，钱伟长收到了留英公费生的录取通知书。

9月1日，被录取的22名公费生在香港集合，准备动身前往英国。9月3日，英国对德宣战，形势突变，英方传来消息称暂不接收留学生。于是，等了两天的学生们只好收拾行李，回到各自的学校再待时机。

由于第二次世界大战全面爆发，很多英国大学的知名教授纷纷前往加拿大避难，所以中英庚款基金委员会的负责人决定让钱伟长等人转往加拿大的多伦多大学就读。同年12月底，钱伟长等人接到通知：到上海集合，坐船转赴加拿大留学。同时，招生委员会委托一个英国人和他的买办为学生们办理了各项出国手续。

1940年1月，当钱伟长等人到达上海的港口时，开往加拿大的"俄国皇后"号轮船已等候在那里。他们把行李搬上甲板，然后登记舱位。接着，英国代表等人将护照发给留学生们，交代清楚后就离开了。

远航即将开始，听着黄浦江水滔滔的奔流声，望着矗立在港口的海关大楼，看着码头上挥手惜别的亲人们，众人的心情不禁激动起来。就在大家相互叮咛时，一位同学突然高声喊道："我们的护照怎么会是日本领事的签证？"话毕，其他留学生连忙掏出自己的护照查看，发现果然都是日本签证。原来，由于"二战"全面爆发，中国直接到加拿大的航路已经中断，他们需先坐船到日本，在横滨待三天，然后再前往加拿大。此时，日本军队正在中华大地上肆虐，烧杀抢掠，无恶不作，他们怎能接受敌国的签证？年轻气盛的留学生们越想越气，议论纷纷。这时，只听钱伟长大声喊道："宁肯不留学，也决不要日本人的签证!"

这时距离开船只有半个小时了,为了维护中华民族的尊严,钱伟长和同学们毫不犹豫地将护照狠狠撕碎,扔进黄浦江,干脆利落地扛起行李下船回了旅馆。

事后,得知实情的中英庚子赔款委员会对学生们的爱国行为无可奈何,也就不再强求。而英国代表知道这件事后非常恼火,气冲冲地跑到旅馆,用不太流利的汉语比画着对学生们说:"我为你们办日本领事的签证,完全是出于一片好心。这样,你们可以经过日本海,还可以到横滨玩,方便又好玩。"

学生们平静地看着面前这个着急的英国人,仍然坚定地拒绝了他的"好心"。英国代表气得直跳脚,用恼怒的口气对学生们说:"太遗憾了,你们一定会后悔的!"

但学生们毅然说道:"宁可不留学,也不用日本的签证!我们绝不会踏上敌人的国土!我们绝不后悔!"说完,他们毫不犹豫地扭头离开,留下英国代表尴尬地站在那里。

直到 1940 年夏天,钱伟长等人才第三次接到集合通知,领到了没有日本签证的护照,从上海登船前往加拿大。

出发当天,钱穆特地赶到上海为侄儿送行。临行前,他嘱咐钱伟长说:"此次前往西方学习,不能苟且偷安,昔日有唐僧取经、精卫填海的典故,都说明了咱们中华民族是个好学且意志坚强的民族,你要好好学习现代科学技术……"钱伟长听完叔父一番教诲,含着热泪与他道别:"四叔,侄儿此番走出国门,不是为了自己,也不是为了家庭,而是为了科学救国,抵抗外侮。您放心吧。"

随着汽笛鸣叫声和轮船引擎的隆隆声响起,巨轮徐徐向黄浦江入海口驶去,船上的人们站在船舱外向亲人们挥手道别,看着渐行渐远的国土,众人脸上布满了留恋难舍之色。

身着灰色长袍的钱伟长默默地伫立在甲板上,凝视着一望无际的大海,此时此刻,他的心也像那起伏的海浪一样,很不平静。望着渐渐模糊的神州大地,他思考着此行的使命,在心中默念着:"再见了,我的祖国!再见了,我的母亲!现在的您,饱经磨难,受尽凌辱。祖国,您不要哭泣,在我心中,您永远是我最爱的母亲!等着吧,我一定要在外面学有所成,我要成为您骄傲的儿子,等着我们以崭新的面貌回到您的怀抱中吧!"

2. 多伦多大学崭露头角

1940年9月14日,经过28天的海上航行,钱伟长等人终于在加拿大温哥华港靠岸,然后改乘火车前往多伦多。9月20日,留学生们全部顺利进入世界闻名的多伦多大学，这也是该校第一次接收中国留学生。

多伦多大学成立于1827年，创始人是英国国王乔治九世。它是加拿大规模最大、专业设置最齐全的综合性大学，也是世界上最优秀的公立研究性大学之一。

多伦多大学师资力量雄厚、教学设备齐全，坚持"学校是追求真理、探讨学问和传播知识的地方"的办学理念，特别强调学术自由的重要性。同时，多伦多大学秉承教学与科研并举的优良传统，注重基础学科与尖端学科的均衡发展，培养出许多杰出的科学家和工程师，也取得很多重要的科学技术成果。

多伦多大学的学科设置十分广泛，其中一部分还具有交叉学科或跨学科背景。同时，该校还为培养具有跨学科、跨专业能力的通用人才采取了一系列有效措施。比如，他们非常注重大学与企业的联系，通过及时建立人才需求信息库，与企业沟通社会人才需求信息，并以此为参考，将社会所需的技能及时融入课程设置中，以培养适合社会需要的人才。

在课程设置上，多伦多大学为大一学生开设写作、数学和分析批评三门核心公共课程，以强化学生的分析判断能力和计算能力，培养学生良好的文字表达能力。同时，为了扩大学生的就业范围，增加学生的就业机会，多伦多大学还推行双学位制度：学生从大学二年级起可以选修另一专业的课程，比如主修英语的学生可以辅修哲学或历史，主修工程的学生可以辅修经济或管理等。

钱伟长后来任大学校长时就借鉴了多伦多大学的办学模式。比如，他根据我国的实际情况，在上海大学推行了选课制、学分制、短学期制等一系列教学改革措施。

钱伟长进入多伦多大学时，英联邦著名的应用数学家辛格教授正在加拿大避难，恰巧也在这所大学任教。辛格教授原籍爱尔兰，后成为英国皇家学会会员。他逃难到加拿大后，在多伦多大学创办了应用数学系，并担任系主任，教授流体力学和弹性力学。这个系还有因菲尔德、史蒂文森等著名教授。因菲尔德是爱因斯坦的大弟子，著有《物理学的演化》等论著，教授相对论和理论物理。

钱伟长、林家翘和郭永怀都选择了应用数学系，其中，林家翘和郭永怀专攻流体力学，钱伟长专攻弹性力学。选系之后，辛格教授找他们三人谈话，想初步了解他们各自的情况，并向他们介绍自己的研究方向及近期课题的进展情况。在谈话中，钱伟长欣喜地发现，辛格教授和自己一样，也正在研究板壳内禀理论。他在自传《八十自述》中说道：

"记得在1940年冬，我到校后第二次进见导师辛格教授，详细汇报了我在昆明研究的弹性板壳内禀理论。首先说明我选用以板壳中面为基础的高斯坐标，他立刻指出他的宏观理论也采用同样的坐标，并指出正确选用坐标系是解决实际问题的重要基础。"

一个月后,钱伟长与辛格教授再次见面。这一次,钱伟长把自己在西南联大的研究计划和初步成果交给辛格教授,请他点评。辛格教授看了之后,对钱伟长的研究成果大为赞赏。他认为自己的研究是用宏观的内力素张量求得在外力作用下板壳的张量平衡方程,是宏观方程组,而钱伟长的方程是微观方程组。虽然两种理论所用的力学量和符号有所不同,但实质是相同的。辛格教授建议钱伟长在统一数学符号的基础上,把这两种理论结合在一起,写成一篇论文。恰好1941年5月10日是著名科学工作者冯·卡门教授的六十寿辰,美国许多著名科学家决定为他出版祝寿文集。辛格教授希望借此机会将这篇论文发表在祝寿文集中。

之后,钱伟长开始夜以继日地撰写论文,不到两个月就将论文完成,署名为"辛格教授和钱伟长合著",然后从多伦多大学寄往美国。不久,这篇论文如期在祝寿文集中发表,它就是在物理学界轰动一时的《弹性板壳的内禀理论》。

当时,这本祝寿文集只收入21篇论文,作者共有26人,都是当时声名显赫的大科学家,包括爱因斯坦、冯·诺伊曼、铁木辛柯、冯·密塞斯等。年仅29岁的钱伟长是其中唯一一个中国人,也是文集作者中最年轻的学者。这篇论文受到国际物理学界和数学界的普遍重视,钱伟长随之在国际物理学界和数学界崭露头角。论文的成功发表增强了钱伟长对科学研究的信心，使他有勇气向一些难题发起进攻，更对他日后的跨学科研究产生了很大的鼓舞作用。

后来，荷兰的鲁坦教授在1973年出版的著作《壳体渐近理论和设计》中也多次盛赞这篇文章。他说："辛格和钱的工作，继承了20世纪早期柯西和泊松的工作，为西方文献重新注入了新的生命力……由于板壳理论成功地采用了先验的克希霍夫－拉夫假设，人们已经很久没有研究板壳的三维理论了……辛格和钱的工作是三维理论的基本工作，他们仅用力学状态的内禀变量、应力和应变，就能严格地从三维理论中导出任意形状的薄壳都适用的非线性方程，这里在各向同性的假定下，把应力和应变分量按厚度方向的坐标展开为泰勒级数。近似的二维方程只有六个基本待定量，三个代表中面拉伸应变，三个代表中面弯曲变形分量，这是辛格与钱的工作最重要的特点。"1982年，在中国举行的国际有限元会议上，执行主席盖拉格教授也对钱伟长的理论成就大加赞扬："钱教授有关板壳统一内禀理论的论文，曾是美国应用力学研究生在20世纪四五十年代必读的材料，他的贡献对以后的工作有着不可估量的影响。"

3. 创概念的博士论文

1941年6月，钱伟长从多伦多大学应用数学系毕业，获得硕士学位。同年10月，他进一步拓展了《弹性板壳的内禀理论》一文的思路，完成了以薄板薄壳统一内禀理论为内容的博士学位论文，并于1944年分三次在美国布朗大学主办的《应用数学季刊》上连载。

钱伟长的博士论文，把板壳问题系统地分成12类薄板问题和35类薄壳问题，并分别给出6个基本方程的相应简化形式。而在这些简化方程中，略去量级较小的项后，可以得到系统而且一致的近似方程。尽管这些所得的各类近似方程中也包括常见的小挠度方程及一些已知的大挠度方程，但仍有很多有限挠度的方程是以前并未见于任何文献的新方程，因此实用价值很高。其中，浅壳就是由这一分类引出的新概念。当壳体中面跨度的平均尺寸 L 和最小曲率半径 R 之比相当于厚度 h 和 L 之比时，就称为浅壳或扁壳。在某些外加载荷下，浅壳会发生菱形皱折失稳。

1958年8月，美国海军结构力学研讨会在斯坦福大学隆重举行。会上，冯元桢和塞克勒发表了《弹性薄壳的失稳》一文，文中将浅壳方程称为"钱伟长一般方程"，将浅圆柱壳方程称为"圆柱壳的钱伟长方程"。而1977年在荷兰出版的《板壳渐近解》一书中,钱伟长的这一系列科研工作又被称为"划时代的工作"。由此,钱伟长博士论文的创新研究在国际物理学界和数学界的意义可见一斑。

另外,钱伟长的博士论文还包括从三维弹性理论导出壳体宏观平衡方程的证明。他将这部分内容发表在清华大学1948年12月的理科报告上。关于这篇文章还发生过一场版权之争。当时,美国的特鲁斯德尔看到这篇文章后,写信给钱伟长,说钱伟长抄袭了他在数学学会会刊上登载的博士论文。钱伟长收到信后,回信让特鲁斯德尔到多伦多大学图书馆查阅自己的博士论文,并告诉他这篇文章是自己学位论文的一部分。

后来,特鲁斯德尔来信道歉,说他的导师赖斯纳告诉他,自己的博士论文是钱伟长1946年在乘船返国途中审查的。钱伟长还为他的博士论文提出近50条意见,特鲁斯德尔大都接受并做了修改。另外,他在1947年发表的有关轴对称壳的文章也由钱伟长审查。特鲁斯德尔在信中一并表示了感谢。

钱伟长的博士论文对板壳的边界效应进行了深入分析,并在20世纪60年代推动了有关三维理论的边界效应问题的研究,促进了物理界和数学界研究的发展。

当时,多伦多大学规定研究生必须读满3年才能拿到学位,所以,钱伟长在1942年春参加了加拿大国家研究会主持的应用数学特别委员会的工作。同年年底，他成为美国数学学会的正式会员。

在多伦多大学深造期间，钱伟长还积极参加其他一些课题的研究活动。比如，他曾参加加拿大国家研究院应用数学特别委员会关于雷达的波导管内各种天线的电阻电抗研究；和因菲尔德教授合作，研究了有关复杂三角级数的求和问题；参加了因菲尔德教授的物理学演进讨论班，并主讲三个课题。因菲尔德教授的著作《物理学的演化》来源于讨论班的讲稿，所以他在序言中特别提到钱伟长对该书的贡献。

4. 初涉火箭导弹事业

1939年9月，英、法对德宣战后，第二次世界大战全面爆发。德国加快了侵略东欧各国的步伐，意大利则趁机夺取北非及地中海作为殖民地。1941年6月，德国单方面撕毁《苏德互不侵犯条约》，悍然进攻苏联，爆发了大规模战争，英、法与苏联组成反法西斯同盟。1941年12月，日本偷袭珍珠港，美国宣布参战，太平洋战争爆发，国际形势日益严峻。

在美国西海岸的加利福尼亚州有一个叫帕萨迪纳的小镇，它傍海而建，静谧秀美。这个美丽的小镇上有一所著名大学,它就是加州理工学院。这所学院有世界火箭喷气技术的一大中心——喷射推进研究所,所长就是举世闻名的科学家冯·卡门教授。

冯·卡门是来自匈牙利的犹太人,为了逃避希特勒对犹太人的迫害逃到美国。20世纪30年代初期,加州理工学院开始兴建航空实验室,冯·卡门被聘为实验室主任。在之后的十几年中,冯·卡门凭借自身杰出的创造才能,使航空实验室逐步发展成国际流体力学研究中心和教育基地,影响了整个流体力学领域。1935年,冯·卡门曾到清华大学讲学一年,钱伟长听过他的课,对他甚为景仰。

1942年,已在多伦多大学取得博士学位的钱伟长,从加拿大来到美国,经辛格教授推荐,投到冯·卡门的门下。当时钱学森、林家翘、郭永怀三人也在冯·卡门的实验室工作。在异国他乡,几个年轻人经常聚在一起,讨论学术问题或分析中国形势。冯·卡门也深深同情正处于战火中的中国,赞赏中国人的聪明上进和勤奋刻苦。他得知钱伟长曾在科学界人士给自己的祝寿文集中发表过论文,很高兴地答应收下这个中国学生。

冯·卡门一生在应用数学、力学、航天及其他工程技术领域做出过很大的贡献,而他的博学多才又突出表现在解决有关星际航行的实际问题上。从1936年开始,他不顾同行的劝告,积极支持自己的学生开展火箭推进系统的研究。1944年,喷气推进实验室正式成立,这是美国政府第一个从事远程导弹、空间探索的研究单位。博学创新的冯·卡门自然不会错过这个机会，积极参与筹建工作，钱伟长也被聘为喷气推进实验室的研究员。

在冯·卡门的指导下，钱伟长和同事们研究的主要课题是火箭的起飞、飞行中火箭的翻滚、火箭弹道的控制及地球人造卫星的轨道计算等，他还参与了火箭现场发射试验。

既学过物理又是应用数学博士的钱伟长，做这些工作可谓得心应手。很快，他便接连发表几篇论文，并在研究、设计、制造等环节中做了许多具体工作，多次受到冯·卡门的赞扬。

不久，美国航空喷射机械公司正式改名为通用航空喷射公司，由冯·卡门任主席，钱学森、钱伟长等人均成为该公司的重要成员，开展了一系列军用火箭研究项目。

1942年，美军收到一个重要情报，称德军正在研制一种名为V–1的导弹。这种导弹重约2.2吨，长约7.6米，飞行时速高达600公里，最远射程约为370公里。如果这种导弹研制成功，无疑将成为德军手中的一张王牌，对战局十分不利。

这个情报于1942年5月被证实，根据美国空军侦察机的拍摄画面得知，德军的确在制造一种无人驾驶的喷气飞行器，也就是V–1导弹。为了给盟军赢得宝贵的作战时间，并将德军的导弹计划扼杀在摇篮中，同年8月，英军出动轰炸机将德军位于佩内明德镇的导弹试验基地炸毁，使其导弹研制计划延迟了数月。

同时，美国军方也找到冯·卡门教授，希望与其喷气推进实验室合作，共同开发火箭导弹这一项目。于是，钱学森负责导弹发动机推进的课题，钱伟长负责空气动力学计算、火箭导弹的计算及导弹的研究和设计。1943年11月，他们顺利地将研发报告送到美国陆军军械署技术部，得到美国政府的高度认可。1943年2月，苏军取得了斯大林格勒保卫战的胜利，歼灭了德军的精锐部队。这一期间，英、法盟军也将德、意军队赶出了北非。这一年9月，意大利投降。1944年6月，盟军在法国诺曼底登陆，给希特勒及纳粹沉重打击，第二次世界大战进入决战阶段。

为了扭转战局，希特勒冒险下令使用新研发的V-1、V-2导弹，隔海轰炸英国首都伦敦。这是世界战争史上首次使用导弹武器，由于技术不成熟，大部分导弹没有命中伦敦市区，但仍给英国民众和政府造成不小的恐慌。英国首相丘吉尔苦于没有应对措施，只能向美国求助，美国政府十分重视此事，连夜研究应对办法，最后决定把任务交给喷射推进实验室。

获知前方战情后，钱伟长、林家翘等人详细分析了德军的轰炸情况，发现德军的导弹是从欧洲西海岸向伦敦发射的，这证明德军采用了最大射程进行攻击，于是他们提出一个方案：只要在伦敦市区制造被轰炸的假象蒙骗德军，让德军情报部门统计出结果后误认为,现在的发射位置正好能准确打击英国伦敦,从而继续在这个位置发射 V-2 导弹,就可以有效避免 V-2 导弹继续对英国造成伤害。这个建议被英方采纳,丘吉尔后来在他的回忆录中曾谈及此事,盛赞美国青年的优秀出众,但他显然不知道,这个方案当中也凝结了优秀的中国青年的智慧。

与此同时,美军针对此事,委托冯·卡门以最快的速度研制中远程导弹。经过研究,冯·卡门决定让钱学森担任火箭理论组的组长,在钱学森的提议下,钱伟长和林家翘也加入了理论组,钱伟长担任副组长。他们三人通力合作,大大推进了导弹理论研究,一批"下士"导弹被迅速研制出来,并运往前线,极大地鼓舞了美军士气,也给德军带来不可小觑的威慑力。钱学森、钱伟长等人由此成为美国导弹事业的先驱。

1943 年冬,清华大学教授周培源受邀前往加州理工学院担任客座教授,他也是钱伟长在清华大学读书时的老师。他此行的主要目的是与冯·卡门共同研究湍流力学理论的课题。周培源的到来使一众中国留学生欢欣不已,他们经常前往周培源的寓所聚餐、倾谈,了解国内的情况,诉说对祖国的思念。令周培源深感欣慰的是,这些海外游子的心仍然紧紧牵挂着万里之外的祖国,他们时时谨记自己不远万里、漂洋过海前来留学的目的,"中国如何赶超西方"一直是他们心头萦绕的大事。但周培源在一次聚会中也谈到，仍然有个别中国留学生对祖国的现状漠不关心，只顾自身利益，不愿意在中国最困难、最需要人才的时候归国，而是在西方安逸的环境中变得麻木不仁。在座者听了，都露出鄙夷的神色。周培源坚定地说："咱们中国现在确实是落后，但是我们不缺人才，祖国的未来需要我们中华儿女共同去建设，只要大家同心协力，中国一定会再次变得强大。"

钱伟长神情肃穆地聆听周培源的教诲，深切地感受到自己肩上的重担，他决心有朝一日要把在西方学到的先进科技知识回馈给祖国，为中国的繁荣富强贡献自己的力量。

5. 与冯·卡门合作

不久，喷气推进实验室开始了人造卫星的规划和研究工作。刚起步时，研究工作还算顺利，但不久就遇到一个难题。科学家们设想，人造卫星在太空中失去动力后，每绕地球转一圈就会往下掉一点，最后坠入大气层烧毁。问题在于，人造卫星每绕地球一圈，具体会往下掉多少，也就是损失多少度。要得出这个问题的答案，需要十分精确的计算，这个计算难度非常大，大家都对这次运算没有十足的把握，最后重担落到了钱伟长身上。

接到这个课题以后，钱伟长开始埋头计算。他一连三天没有合眼，直到第四天上班时，他才揉着布满血丝的双眼走出宿舍，来到实验室，将一沓厚厚的稿纸放在同事们面前。在同事们惊讶的目光中，钱伟长谦逊而温和地说："请大家看看，我这个演算方法对不对？"最后，经过反复验算证明，钱伟长研究出的这套计算人造卫星损失度的方法是正确的，得以顺利通过。直到今天，这种计算方法还在发挥着巨大的作用。

当时在喷气推进实验室，每周三下午都照例举行一次讨论会，由冯·卡门主持，目的是充分发扬学术民主。在会上，每个人都简短报告自己的工作进展，然后大胆提出对未来工作的设想，同时也要坦率地讲出自己在工作中遇到的困难和问题，大家一起商量解决办法。每次开会，大家都热烈地讨论交流。钱伟长极为珍惜这样的机会，把它看作是最新科学思想的传送带。这种不拘一格的讨论会，不仅活跃了研究所的学术氛围，也大大开阔了每个成员的思路，激发了众人的创造热情。

此外，每个周末的晚上，在冯·卡门的家里也会有一场非正式的讨论会。冯·卡门平日不修边幅，喜欢喝烈性酒、抽雪茄烟。他的住宅也像他本人一样杂乱无章，地毯上随意堆放着各种书籍。客人无拘无束地围坐在一起，自在地谈笑，欢声笑语常常充满整个房间。随着一杯杯美酒、一盘盘点心下肚，在觥筹交错之间，很多创新观点也不知不觉地冒出来。

钱伟长和冯·卡门年龄相差 31 岁，但两人都不拘小节，相处起来十分融洽，可以说是忘年之交。一天晚上，冯·卡门找到钱伟长，诚恳地向他提议合作研究薄壁构件的扭转问题，钱伟长欣然应允。冯·卡门具体谈了一些自己的构想，认为完成这个课题大概需要三个月时间，但钱伟长认为不需要这么久。

果然，不到一个月，钱伟长就带着整理好的论文《变扭率的扭转》敲开了冯·卡门的办公室。冯·卡门看了论文后十分惊喜，同时更加欣赏这个谦虚有为的中国学生。1946 年，这篇论文发表在第 13 卷美国《航空科学》月刊上，署名是冯·卡门和钱伟长。而在这之前，钱伟长的大名已远扬在外。早在 1945 年秋季，钱伟长便完成了另外一篇论文《超音速对称锥流的摄动理论》，并在美国航空工程学会年会上宣读，这是当时学术界第一篇有关奇异摄动理论的论文，引起学术界广泛重视。

当冯·卡门再次见到钱伟长后，不由得感慨万千地说："《变扭率的扭转》是一篇经典的科学论文。自喷射推进实验室成立以来，我已经没有精力再顾及基础理论方面的工作。这篇论文也许是我一生中最后一篇固体力学的文章了。"

取得这么多成绩之后，钱伟长在国际上已经名气大增。然而，尽管身处名流荟萃、设备齐全、薪金可观的环境中，他仍对自己未来的发展道路有所思考。他无时无刻不在思念自己的祖国，思念自己的亲人，尤其是多年未见的妻子和尚未谋面的孩子。

1945年8月15日，一则激动人心的好消息从大洋彼岸传来：日本天皇向全日本广播，接受《波茨坦公告》，无条件投降。中国人民经过14年的浴血奋战，最终取得抗日战争的伟大胜利，这个饱受摧残的东方古国终于从纷飞的炮火和瓦砾废墟间昂起头，迎来命运的转折。曾经的耻辱和不幸已经过去，中国即将开启新的历史纪元。

听到这个消息后，钱伟长再也无法静下心来工作了。他心潮澎湃，回想起自己背井离乡踏上留学之路，至今已有5年多，如今祖国已脱离苦难，百废待兴，正急需人才。中国是他的根，身为中华儿女，应该用自己的本领去报效祖国，而且他自己与妻儿分别多年，心中无比想念。自此，他归国的念头越发强烈。

经过反复考虑，钱伟长向冯·卡门提出了回国探亲的请求。他知道冯·卡门不会轻易放自己走，所以，他告诉冯·卡门，自己已近6年未见妻儿，十分想念他们。冯·卡门听了十分同情和感动，虽然料想钱伟长可能会一去不复返，但还是答应了他的请求。

第四章 一片丹心为报国

在异国他乡漂泊了近6年后，钱伟长终于回到了祖国的怀抱。此时的中国百废待兴，不管是在生活中还是工作中，他都面临着很多困难，但他坚守信念，以自己所学为国家服务，培养人才、追求科学真理、建立研究机构等，在他与其他科学家的通力合作下，新中国的科技发展取得了一系列成就。

1. "忠于我的祖国,心口如一"

1946年5月,钱伟长在美国洛杉矶的码头,登上了驶往中国的轮船。为了不引起别人的注意,他只带了几件简单的行李,没带任何资料,其他东西都原封不动地放在美国,就连刚发的薪水也没有领取,临走前甚至还预付了半年的房租。

轮船行驶在太平洋上,天空辽阔而明亮。钱伟长坐在船舱中,无比向往地筹划着回国后的一切。他想让弹性力学在祖国大地上绽放光芒,他想在自己国家的大学里开办第一个力学系,他想培养出能为祖国效力的力学人才,他想为祖国的科学事业做出自己的贡献。然而,他已经离开近6年,祖国还是原来的样子吗?

一个月后,钱伟长乘坐的轮船到达上海,记得当年他就是从这里登船离开祖国前往加拿大的。下船后,他马上赶往故乡无锡，他的家人仍然居住在荡口镇。

抗战胜利后，钱伟长的母亲日夜盼望儿子归来。钱伟长踏入家门，见到母亲的一刹那，他热泪盈眶地呼唤母亲，并疾走上前紧紧握住母亲的双手，母子久别重逢，喜极而泣。岁月无情，母亲已变成了白发苍苍、步履蹒跚的老妇，钱伟长心里五味杂陈。情绪平复下来后，母亲给他讲述了这些年来家中发生的变故，其中最让他难过的是，慈爱的祖母在4年前去世了。祖母对他来说，既是可亲可敬的长辈，又是重要的人生导师。回想起小时候祖母抱着自己一起读书、记账本的情景，钱伟长不由得潸然泪下。

钱伟长在荡口镇停留了10多天，目睹了饱经战火摧残后家乡的凋零破败，乡亲们的生活苦不堪言。除了陪伴母亲享受难得的天伦之乐外，他还专门回了一趟七房桥祭祖。在给敬爱的祖母和父亲扫完墓后，他接到了清华大学聘请他为机械系教授的聘书。出发那天，母亲依依不舍地将他送到大门外。望着年迈的母亲那孤独的身影，钱伟长离家的步履变得沉重起来。

1946年7月，钱伟长抵达北平。三个月后，他的妻子孔祥瑛也带着儿子钱元凯来到北平与他团聚。钱伟长留学前，曾把身怀六甲的妻子送回娘家。儿子出生后，一直由妻子独自抚养，如今已经6岁，长得活泼可爱。钱伟长难掩慈爱地望着素未谋面的儿子，心中十分欢喜。

一家人终于在阔别已久的清华大学团聚。昔日清静秀美的校园如今一片荒芜。原来，抗战中，清华大学校园一度沦为侵略者的伤兵医院和马房；之后又遭到国民党军队的大肆搜刮，能卖的基本都被变卖，教室里的桌椅、电线，甚至窗户上的玻璃，都没能逃脱厄运。看着眼前破落残败的景象，钱伟长心中的愤怒和悲伤一起涌来。此时学校还没复课，校园房舍也要修缮，直到1946年10月，修缮工作基本完成，清华大学才宣布复课。

钱伟长被聘为教授后，月薪是14万元法币。他满以为那是不菲的收入，着实高兴了一阵子，但这点喜悦很快便被现实击得粉碎。

从1945年开始，国内出现了严重的通货膨胀。1937年，100元法币可以买2头黄牛，到抗日战争结束后的1945年只能买2个鸡蛋，1946年能买1/6块固本肥皂，1947年能买1个煤球，1948年8月只能买0.002416两大米（每斤16两），到1949年5月只能买1粒米的2.45‰。这就是所谓的"大街过三道，物价跳三跳"。

钱伟长在清华大学的月薪实际上还不够买2个新暖瓶。以后他的月薪又由法币改为关金券、金圆券等。从1947年夏天起，钱伟长的一部分工资以小米抵现款后，还能勉强保证主食。这年冬天，他的长女钱开来出生，因母乳不足，需要订牛乳、买奶粉哺育，全家的生活更加窘迫。

迫于生计，钱伟长只能尽可能找学校兼课。从1946年到1949年，他几乎"承包"了清华大学、北京大学和燕京大学工学院所有应用力学、材料力学和高等材料力学的课程,以及物理系的理论力学、振动、弹性力学基础、传热学、轴的回转等高年级课程,教学工作量很大,经常备课至深夜。当时一个教授一周大概上6堂课,而钱伟长却要上17堂课。尽管如此,家里经济还是入不敷出,无奈之下,他只好向单身同事、老同学,如黄敦、何水清等人借钱。

女作家冰心曾留学美国,后来她根据自己的经历创作了小说《去国》。故事讲述的是留美7年的英士一心想在祖国贡献自己所学,但回国后,他看到的却是一个腐朽衰败的政府。英士有志难酬,只能怅然再度去国。临行前他痛苦地喊道:"可怜呵!我的初志绝不是如此的。祖国呵!不是我英士弃绝了你,乃是你弃绝了我英士呵!"其实,这样的呼喊代表了当时许多留学生的心声,钱伟长在美国喷射推进实验室工作时的同事钱学森便是其中之一。

1947年,钱学森回国与未婚妻蒋英完婚。这一年,钱学森已经36岁,他们的婚期曾因工作一拖再拖。钱学森的岳父是著名军事学家蒋百里,蒋百里曾被袁世凯、黎元洪、段祺瑞、吴佩孚、蒋介石等聘为参谋长或顾问,对政府内幕、军事指挥等深有体悟。正是这样的背景,他更加彻底地认识到国民党政府的腐败。回国后,钱学森失望至极,婚后不久便偕新婚妻子再度返美。

钱学森返美前去看望了老同事、老朋友钱伟长。当时钱伟长身处窘境,四处借钱,生活十分艰难。而在美国时,钱伟长的年薪是8万美元,条件非常优越。钱学森看到老朋友的处境后,十分寒心,建议他回冯·卡门的喷射推进实验室工作。

想到白发苍苍的母亲,看着眼前嗷嗷待哺的女儿、活泼可爱的儿子和勤俭持家的妻子,钱伟长有些动摇了。教学任务繁重,他并不觉得辛苦,因为为祖国培养人才是他的夙愿。但作为儿子、丈夫和父亲,他不忍让家人忍饥挨饿,他想让他们过上好日子。

经过再三考虑,钱伟长接受了钱学森的建议,决定到美国大使馆申请注册。当时在美国大使馆注册需要填一张表,里面涉及许多内容,如学历、信仰等。这些对钱伟长来说都没什么,但看到最后一项时,钱伟长决定不去美国了,因为那个问题是:"如果中国和美国开战,你会为美国效力吗?"他斩钉截铁地填上了"不会"。

关于这段往事,钱伟长曾回忆道:"美国大使馆注册有很多问题,我都无所谓。比如,你信什么教?我说我不信教。他说不行,因为不信教在美国人看来是野蛮人。后来他让我填孔教。看到最后一条,我填不下去了——问中国和美国开战的时候,能不能忠于美国。我当然忠于中国了,我是中国人,我不能忠于美国。我就填了一个'No',我不会填'Yes',我决不卖国。结果就因为这个,我没能去美国。当然,填'No',就已经意味着我告诉他们我不去了。也许有人会说，我的目的就是去美国，为什么不变通一下呢？我做不到，我忠于我的祖国，时时刻刻，心口如一。"

这次美国大使馆的经历过后，钱伟长的生活复归平静。他依然在几个校园间来回忙碌，但尽管教学任务十分繁重，钱伟长依然坚持自己的科学研究。这段时间，他展开了前润滑理论、圆薄板大挠度理论、锥流和水轮机曲线导板的水流离角计算等研究工作，先后在国内发表了 8 篇论文。

与此同时，钱伟长还积极参加爱国运动。在沈崇事件及"反饥饿、反内战、反迫害"运动、反对清华大学南迁等运动中，他都积极响应并参与。他与历史系教授吴晗住得很近，交往甚密，他经常在吴晗家中聚会，并因此认识了许多地下党员。当时，地下党员于陆琳被秘密派回北平，在清华大学、燕京大学从事地下工作，还在钱伟长家中住过几个月，直到她与清华大学机械工程系的孟庆基教授结婚。

与地下党组织的频繁接触，更坚定了钱伟长对祖国的信心。鲁迅曾说："有希望，便是光明。"而钱伟长心中一直怀抱着对祖国、对光明的希望。他坚信，祖国的黎明就在不远的前方，黑暗终将过去。

1947 年冬，国民党军队节节败退，反动政府加紧了对民主进步人士的迫害，清华大学的许多教授迫于无奈，相继离校，前往解放区。中共地下党组织安排钱伟长夫妇和张奚若教授留守清华大学。留守的日子十分困苦,其间国民党政府曾以"优厚条件"安排清华大学南迁,但钱伟长等人通过收听延安的广播得知,这很可能是国民党的阴谋手段,于是决定听从党组织的安排,继续坚守清华大学校园,拒绝南迁。

1948年12月18日,反对南迁的斗争获得胜利,除了几名教授离开外,其余269名教师全部留校,清华大学得以恢复正常的教学秩序。当时辽沈战役刚结束不久,淮海战役也接近尾声,中国人民解放军东北野战军和华北军区部队随即发动了平津战役。

2. 歌唱解放

1948年12月23日,从清晨起,预示着祖国黎明即将到来的隆隆炮声就响个不停,犹如春雷震撼大地。那炮声,是北平即将解放的信号。每个人都激动地等待着。是啊,新中国就要到来了,怎么能不激动呢?清华园里的师生们,个个欢欣鼓舞,准备迎接解放军进城。

这天上午10点,是钱伟长的力学课。为了安抚学生们激动的情绪,在地下党员的安排下,钱伟长坚定、从容地走进坐满200人的大教室中,讲授"射击的弹道动力学"。200多名学生认真地聆听着他镇定自若、生动有趣的讲解,尽管周围枪声不断，但大家都特别专注，无一人惊慌失措。钱伟长的这一课让许多学生难以忘怀，甚至在多年后，还有学生回想起解放前的"最后一课"，当时的情景依然历历在目。

也正是在这个时候，解放军的部队已经绕过校园北墙，穿过圆明园，悄悄地向西开进。

12点，学校下课了。钱伟长在回家的路上感慨万千，从"一二·九"运动到现在，已经过去整整13年了。这13年来，他无时无刻不在盼望着祖国解放的那一天，期待着人民胜利、科学复兴的那一天，希望祖国有朝一日能发愤自强、屹立于世界强国之林。

回到家后，钱伟长坐立不安，想为解放军做点什么。他想来想去，觉得有必要向解放军汇报一下北平和清华大学的情况。打定主意后，他顾不上吃饭，简单嘱咐了一下即将临盆的妻子，叫上一位年轻教师，骑车向解放军离去的方向奔去。

他们追了一路，一直没有找到解放军的踪迹，只见满地的瓦砾。钱伟长坚定地说："我们循着战斗的痕迹找，哪里有战斗，哪里就有解放军！"但他们走了很远，仍然没有见到解放军的影子。他们斟酌再三，决定朝石景山方向走，到达石景山时，天已经暗下来了。幸运的是，他们遇见了一位熟人，并通过这个熟人找到了地下党组织。党组织负责人听到他们的来意后，马上安排他们乘车前往解放军进城工作组的驻地——良乡。

到达良乡后,一进屋,钱伟长就认出了"一二·九"运动时的老朋友荣高棠和自己的同乡钱俊瑞。多年未见,他们紧紧握手,热情地相互问候。接着,荣高棠把钱伟长介绍给两位年纪较大的首长,他们就是让敌人闻风丧胆的叶剑英和陶铸。

叶剑英和陶铸都很亲切和蔼,他们详细询问了钱伟长北平和学校的情况。钱伟长向他们详细汇报,并激动地说:"学校里,师生们听说解放军进城了,都很兴奋,都期待着解放呢!眼下,师生们都在积极地开展护校运动。"

叶剑英关切地问道:"学校有什么困难吗?"

钱伟长诚恳地答道:"因为目前交通阻塞、币制变换,学校的粮食供应不太充足。"

叶剑英听了,当即指示有关部门把解放军的一部分军粮拨给清华大学,并限期运到。

一直到深夜,钱伟长他们才依依不舍地告别了解放军进城工作组。夜空中,群星在闪烁,一道曙光已经在东方的地平线上出现……

12月25日清晨,钱伟长带着连夜奔波的疲劳和见到解放军的激动心情,回到清华园。刚刚踏入家门,他就听到一阵婴儿的啼哭声——他的小女儿在解放北平的欢呼声中降生了。

钱伟长兴奋地抱起襁褓中的婴儿,望着她那明亮如水的眼眸，温柔地说道："孩子，你是幸福的，你伴随着祖国的黎明降临到这个世界上……"

"解放区的天，是明朗的天，解放区的人民好喜欢……"此时，窗外传来校园里此起彼伏的迎接解放的秧歌声、锣鼓声、口号声，到处呈现出欢乐的节日气氛。

"快给孩子起个名字吧。"孔祥瑛躺在床上，脸上泛着红晕，微笑着说。

钱伟长听着窗外的歌声，看着怀中的婴儿，眼睛突然亮了起来。"就叫'歌放'吧！北平就要解放了，我们的小女儿出生在一个崭新的时代，她是幸运的，她的降生就是在歌唱解放。对，就叫歌放！"他激动地看着眼前的妻子和怀中的孩子，满心喜悦地说。这个美满的五口之家迎来了新的春天，畅想着幸福的未来。

3. 为国效力的忙碌日子

1949年元旦，清华大学校园里到处弥漫着欢乐的节日气氛，每个人的脸上都情不自禁地洋溢着笑容。

在联欢晚会上，解放军文工团的精彩演出结束后，曹靖华教授的讲话更将喜庆的气氛推向了高潮："我们在国民党统治下提着脑袋过日子的时代将一去不复返，我们是未来的主人，建设新中国的责任已经落在了我们的肩上……"不待话音落地,晚会现场响起如雷的掌声。

和所有的爱国知识分子一样,钱伟长迫不及待地希望为新中国效力。

1949年3月,清华大学成立了校务委员会,由原理学院院长叶企孙任主任委员,张奚若、吴晗任副主任委员,周培源为常委兼教务长,钱伟长和费孝通为常委兼副教务长,陈新民为常委兼总务长。

1950年5月,钱伟长被选为北京市人民代表大会代表。同年12月,他被安排随中央慰问团奔赴东北,慰问抗美援朝志愿军的回国伤病员。

从1951年1月起,钱伟长在《中国青年》《人民日报》上发表了一系列关于古代中国科学发明的文章,目的是唤起人们对新中国科技发展的信心,激发广大青少年对科学的兴趣和热情。

1951年2月,教育部部长钱俊瑞率队到哈尔滨、长春、沈阳、抚顺、鞍山、大连等地的高校和工厂视察,钱伟长随行。钱伟长之前参加了中华全国民主青年联合会成立大会,并当选为青联会常委兼副秘书长。

1951年8月,钱伟长参加了中华全国自然科学工作者代表会议。会上成立了中华全国自然科学专门学会联合会(简称全国科联),钱伟长当选为全国科联常委兼组织部副部长。

1951年9月,新中国派代表团访问印度和缅甸,丁西林任团长,团员有郑振铎、钱伟长、吴作人、常书鸿、张骏祥、周小燕、冯友兰、季羡林等,秘书长是刘白羽。这是新中国成立后第一个出访的大型代表团,国家特别重视。出发之前,周恩来总理接见了代表团成员。这也是钱伟长与周总理的第一次近距离接触。这次访问长达四个月,代表团受到印度、缅甸政府和人民热情的接待。访问加深了新中国与印度、缅甸两国之间的文化交流与合作,同时还推动了中缅、中印友好协会的成立。钱伟长曾任中缅友好协会会长。

1951年,钱伟长招收了我国力学专业的第一批研究生,包括叶开沅、陈至达、顾求琳等人,首开新中国高校研究生教育之先河。同年,钱伟长被委为中国科学院数学研究所力学研究室主任。在此期间,他多次和北京各大学联合举办"圆薄板大挠度问题"等课题的学术报告会,并由他将报告会上的论文汇编成论文集。

1952年6月,全国高校进行院系调整。清华大学的农学院分立为北京农业大学;文、法、理学院并入北京大学;社会系并入中央民族学院;经济系并入北京财经学院;政治法律系并入政法学院;航空系分立为北京航空学院;冶金系分立为北京钢铁学院;化工系停办,成立石油工程系,后分立为北京石油学院;工学院的机电、土木、水利各系和北京大学、燕京大学的工学院合并成为新的清华大学(原燕京大学其余院系并入北京大学)。钱伟长被任命为清华大学教务长。同年年底，钱伟长当选为中国民主同盟中央委员会常务委员。

1953年，钱伟长参加了新中国第一部宪法的起草工作。1954年，钱伟长当选为第一届全国人民代表大会代表。

从1954年秋至1956年春，钱伟长参与制定了我国《1956—1967年科学技术发展远景规划纲要》（简称《十二年科技规划》），领导者是周恩来总理。后来，钱伟长被任命为清华大学副校长，仍兼教务长。

1955年，中国科学院学部成立。钱伟长被聘为物理数学化学学部和技术科学部首批学部委员（后称院士），同时被任命为科学院学术秘书。

1956年1月，力学研究所成立，钱学森任所长，钱伟长任副所长。5月，钱伟长参加波兰国际固体力学研讨会；7月，随中国科技访问团出访苏联、波兰、罗马尼亚、匈牙利、民主德国、保加利亚、捷克斯洛伐克、南斯拉夫等国；8月，第九届理论和应用力学国际大会在比利时布鲁塞尔召开，中国派团参加，钱伟长任副团长，并在会上作了"长方板大挠度问题"和"浅球壳的跳跃问题"的报告。

这两个报告引起了力学界的高度重视，并在20世纪六七十年代引发了一次研究热潮。1956年年底，波兰科学院授予钱伟长"外籍院士"称号。另外，钱伟长还在清华大学开设了一年的应用数学讲座。同年冬,他在中国科学院和高教部合办的力学研究班上再一次讲授该课程。两次听课者多达600余人!

在科研工作中,他关心的不再只是力学,对于其他学科也表现出很大的兴趣,经常提出一些具有建设性的建议。比如,针对"中国贫油论",钱伟长大胆提出渤海地下就可能有石油;又如,看到气势磅礴的钱塘潮,他建议在那里建一座潮汐发电站。因为这些建议,钱伟长总是被讥笑为"不懂装懂""吹牛",甚至被人带有讽刺意味地称作"万能科学家",但他从不在意。

1952年中国高等院校院系调整后,教育部要求高等院校全部使用苏联教材,并在5月份下达通知,要求9月份开学全部使用新教材。对此,苏联教育部非常支持,很快就把俄语教材运到了北京。作为教务长,清华大学的教材翻译工作自然就落到了钱伟长身上。但钱伟长并不懂俄语,当时的清华大学里也鲜有人懂。为此,钱伟长决定办一个俄语速成班。几经周折,他终于找到两个懂俄语的人,他们是翻译家赵宝华教授及其助教。钱伟长请他们编写一本两星期就可以学会俄语的速成教材,并告诉他们这本教材要包含32个俄语字母的念法、700个常用的专业名词和70个常用动词。至于时态、变格等可以先不必管,因为力学专业的教材中会有许多图,一看图,教授自然就明白具体内容了。他自己也参加了学习班，带头学俄语。

两个星期后，这本俄语速成教材编写出来，俄语复杂的语法被简化成 7 种。钱伟长大喜过望，马上组织力学教研组的教师们突击学习这本教材，他们仅用了短短两周时间就学会了科技类的俄语，并很快翻译出第一本俄语力学教材。

第一本教材翻译出来后，很快在全校推广这种方法。到 9 月份开学时，四个年级的教材全都翻译完成，并在第二年改正了一些误译。此后，钱伟长又用类似的方法学了德语、法语，虽然读音可能不准，但阅读专业书完全没有问题。

多年后，钱伟长还颇为得意地总结道："科技文章的外语比较容易，和文学不一样，你很可能看得懂科技文章而看不懂小说。科技文章哪儿该有个动词，就得有个动词，不会落掉的；那里面也绝不会有惊叹号，好懂。我们翻译的教材一直用到现在，事实证明没有译错。因此，外语可以这样学。我也是在那个时候突击的。"

钱伟长认为，新中国成立后，党给予了自己优越的工作环境和生活条件，没有理由不充分发挥自己的作用。只要是对祖国、对人民有利的事情，就应该去尝试。而对于自己的科学研究，他都放到晚上 10 点至深夜一两点去做，这得益于他在苏州中学时养成的"开夜车"的习惯。

有一次，钱伟长随中国人民抗美援朝慰问团去朝鲜，在晃晃荡荡的火车车厢里,他伏在小桌子上写文章。天色暗下来后,他仍然借着微弱的灯光继续写作。

这时,坐在一旁的代表团秘书小王低声劝他说:"钱教授,时间不早了,明天到丹东后还要换乘汽车,会很累的,您还是早点休息吧!"

"还有一段,写完就睡。"钱伟长连头也顾不上抬。

"您写的是什么论文啊,这样全神贯注,在火车上整整写了一天?"已经躺下的小王见劝不住他,干脆从卧铺上坐起来,好奇地问道。

"噢,这不是论文。我在给青少年编写一本书,名字叫'我国历史上的科学发明',出版社催着交稿,得抓紧写!况且,这么早我也睡不着。"

"您是那么有名的科学家,为什么还花力气写这种科普小册子呢?"小王纳闷地问道。

"怎么,难道科学家就不应该写科普文章吗?实际上,普及科学知识也是科学家的一项重要任务。它对于引导青少年爱科学、学科学作用可大着呢!"钱伟长温和地说,并劝小王,"你快点睡吧,免得一会把大家吵醒了。我写完这一点就睡。"

"那您可早点睡啊!"小王不好再说什么,只好再次躺下,心中对钱伟长敬佩不已。

1953年8月,钱伟长撰写的《我国历史上的科学发明》一书正式出版,它从农业科学、水利工程、数学、天文和历法、指南针和指南车、造纸术和印刷术、火药、机械、建筑等方面,详细介绍了我国历史上的科学发明,展现了中国丰富的历史遗产。钱伟长还对这些历史遗产进行了系统的分类叙述,便于青少年对前人的发明创造有一个具体清晰的了解。

钱伟长早年的志趣的确是从文学转向了科学,但这本书也很好地说明,他的文学和历史功底依然十分深厚。如果没有丰富的历史知识和文学技巧,又怎么能够写出这样通俗生动的科普著作呢?

4. 师生不懈追求科学

钱伟长经常对学生提出严格的要求,但他的教学方法并不死板,常常采用启发式的方法,取得了良好的效果。1954年,由钱伟长和他的学生林鸿荪、胡海昌、叶开沅共同署名的科学论文《弹性圆薄板大挠度问题》发表了。这篇论文总结了钱伟长自1948年以来从事的科研工作,也是国际上第一次成功利用系统摄动法处理非线性方程的论文。这篇论文的发表轰动了整个力学界,系统摄动法也被力学界公认为是最经典、最接近实际而又最简捷的解法,后人把这种方法称为"钱伟长法"。不过,这个方法的提出和解决问题的实验并不是一个简单的工作,它是钱伟长和他的学生们经过六七年的研究才完成的。

1956年,国家公布了第一批科学奖金获奖名单,《弹性圆薄板大挠度问题》就是获奖的论文之一。

获奖当天,胡海昌、叶开沅兴高采烈地拿着报纸,跑到钱伟长家中向他表示祝贺。钱伟长也十分激动,多年的科研成果终于受到党和国家的重视,他为自己的成功欢欣鼓舞,也为自己的学生在研究中得到锻炼、取得进步感到欣慰和开心。他激动地站起来,笑着说:"孩子们,应该接受祝贺的是你们啊!你们的辛勤劳动是取得成果的一个重要条件。"

"不,钱老师,我们只是在您的指导下做了一点微小的工作。"胡海昌和叶开沅也连忙站起来,异口同声地说。

看着学生们一脸诚恳,钱伟长从书桌上拿起一份稿子,说:"我们都是受到了前人的指导。现在我们可以考虑一下弹性柱体扭转理论的基本假定问题了。喏,这份草稿上的内容就是我的一些初步想法。你们先看看,如果有兴趣的话,我们接下来不妨就专攻这个课题。"

他想趁这个机会再让学生们锻炼一下,于是巧妙地将获奖受到的鼓舞转变成学生们继续向科学高峰攀登的动力。胡海昌和叶开沅从他手中接过稿子,简单翻阅了一遍后站起身来向他告辞,准备回去好好研究。

钱伟长送他们出门时,突然又想起一件事,他对叶开沅说:"那本《弹性力学》的书稿我已经看过了,有几个地方出了些错误，明天晚上你再来一趟吧，我们一起看看。"

送走学生后，钱伟长回到书房，开始翻阅文献资料。翻着翻着，他看到了几页夹在书中的稿纸。那是他在考虑弹性柱体的扭转理论时，随手摘抄的一些国外文献的目录。他已经看了一部分，但还有很多没来得及看。刚才把草稿交给学生时，他忘了把这份论文目录附上，如果让他们自己去找这些论文，必然要浪费许多时间，而现在最要紧的就是争取时间。

看着手中这份几乎被遗忘了的目录，钱伟长不禁有些烦躁。他心烦意乱地坐到沙发上，强迫自己思考还有哪些有参考价值的文献，想把凌乱无章的思绪理顺。

他边想边自言自语："啊，还有一篇很有价值的论文，我在两年前就看过，究竟登在哪本刊物上呢？唉，记性真的开始衰退了……对了，在美国的时候，冯·卡门教授曾谈起过弹性柱体的扭转问题，也许笔记本上有记录，我必须抽时间找找……不，今天晚上就得找，明天连同论文目录一起交给胡海昌和叶开沅，供他们研究时参考……不行！今天晚上还得给《力学学报》审阅稿件，哪里有时间去翻箱倒柜呢？对，我现在就应该去找他们，把论文目录给他们送去……"他从沙发上站了起来，拿着写满论文目录的几页稿纸，骑上自行车，直奔学生宿舍。

1956年，科学出版社出版了钱伟长与林鸿荪、胡海昌、叶开沅合著的《弹性柱体的扭转理论》，以及与叶开沅合著的我国第一部弹性力学专著《弹性力学》，这是钱伟长学术成果的一次集中展现。

5. "二钱"合建力学研究所

1955年，著名科学家钱学森突破重重阻挠，终于携家人回到祖国的怀抱。10月28日，中国科学院副院长吴有训和周培源、赵忠尧以及钱伟长等20多位科研工作者前往北京火车站迎接钱学森一家。曾经的同门师兄弟再度重逢，钱伟长和钱学森都很激动，双手紧紧交握在一起。敏感的海外媒体对此事做了详细报道，其中对冯·卡门的两名弟子钱学森、钱伟长即将再度携手合作一事给予相当的关注。

欢迎钱学森归来的晚宴由中国科学院院长郭沫若亲自主持。席间，吴有训宣布了成立中国科学院力学研究所的决定，并指名由钱伟长协助钱学森共同组建。

实际上，早在1951年中国科学院成立之初，钱伟长便为建立力学研究所做了大量的准备工作。1952年，中国科学院成立数学研究所，在数学研究所建立了一个力学组。1953年年底，中国科学院在数学研究所内组建了力学研究室，钱伟长是第一任室主任。这个研究室成立不久，就接收了一批像胡海昌、林鸿荪、郑哲敏、庄逢甘等年轻有为的研究人员。在钱伟长的领导下,力学研究室学术气氛活跃、人员创造力强。短短几年内出版了研究论文集《弹性圆薄板大挠度问题》(1954年)、《弹性柱体的扭转理论》(1956年),并且发表了许多重要论文,如胡海昌的论文《论弹性体力学与受范性体力学中的一般变分原理》(1954年,《物理学报》)就是被钱伟长推荐发表的。后来这一理论被称为广义变分原理,世界各国的固体力学论著中称其为"胡–鹫津原理"。1956年1月,中国科学院力学研究所就是在数学研究所力学研究室的基础上建立的。

钱伟长还建议教育部和中国科学院合办一个力学研究班,招收全国高校各工科专业的学生,培养力学科研人才。研究班创办后,钱伟长和教育部副部长曾昭抡共同授课指导。为了进一步推动中国力学科研事业的发展,钱伟长经过多方协调,多次举办关于力学研究的学术报告会。为了让高校的教师得到进修,他还在北京钢铁学院举办了长达半年的弹性力学讲座,听讲的进修教师多达4000余名。

钱学森在北京安顿下来后,立即与钱伟长投入力学研究所的筹建,两人合作无间,效率高超。经过反复研究,他们认为要办好力学研究所,充分发挥它的作用,必须做到三点:

一是扩大力学研究的领域。力学是一门范围广阔的学科,涉及的知识非常多。随着时代的发展,科学技术日新月异,力学不再是旧有的由固体力学和流体力学组成的单一性学科，还应包括化学流体力学、电磁流体力学、物理力学、弹道学等多学科。

二是力学研究应该与工业发展联系在一起，并且要走在工业发展的前端，为国家的工业生产指示方向。

三是力学的理论研究应伴随一系列的科学实验，并与生产实践相结合。

两个月后，即1955年年底，钱学森与钱伟长向中国科学院提交了建所方案。1956年1月5日，中国科学院召开院务会，一致通过了钱学森与钱伟长关于筹建力学研究所的方案，并上报国务院批准。1月16日，国务院副总理陈毅元帅亲笔批复，同意成立力学研究所。中国科学院任命钱学森为力学研究所所长、钱伟长为副所长。

力学研究所筹办的效率之高，在中国科研机构建立史上前所未闻。除了因为"二钱"曾在冯·卡门手下工作，配合默契，养成了雷厉风行的办事作风外，很大程度上得益于钱伟长前期所做的铺垫工作。这些工作为力学研究所的筹建节省了大量时间，连著名数学家华罗庚也表示，这次筹建工作的效率，是我国科研工作作风上的一次重大突破。

中国科学院力学研究所成立后，设立了7个研究室，包括流体力学研究室、化学流体力学研究室、物理力学研究室、弹性力学研究室、自动控制研究室、塑性力学研究室及运筹学研究室。运筹学研究室和自动控制研究室后来发展成独立的研究所，钱伟长还担任了自动控制研究所第一任所长。

6. 为科技发展献计献策

在钱伟长对国家科技发展的贡献中,有一项是他作为主要执笔人之一,参与制定了《十二年科技规划》。1956年1月,中共中央召开关于知识分子问题的会议,会议发出了"向科学进军"的号召,为中国第一个科学技术发展远景规划的制定和实施做了总动员。3月,负责发展规划制定工作的国家科学规划委员会成立,制定工作正式启动。至1956年8月下旬,在国务院科学规划委员会的领导下,几百万字的《1956—1967年科学技术发展远景规划纲要(草案)》面世,并在讨论和修正后,由中共中央和国务院批准执行。

《十二年科技规划》是新中国成立后由党中央、国务院决策制定的第一个科技发展规划。规划制定工作由周恩来总理直接领导,副总理陈毅、李富春、聂荣臻主持,邀请了18位苏联专家,召集了来自全国各行各业600多位专家、学者,集中住在北京西郊宾馆,费时近半年,确定了57项重要科学技术任务和616个中心问题,提出了各门学科的发展方向。

在规划制定的过程中,周恩来总理几次将钱学森、钱伟长、钱三强等科学家请到中南海西花厅,听取他们对发展规划的意见。周总理说:"会议的简报我已经看过了,专家们各有看法,600多人的意见太庞杂,所以请你们来,主要是想让你们帮我理一理头绪。"周总理提出,要从这57项重要科技任务中找出特别紧迫的需要国务院支持的项目。因此,科学规划委员会又另外组织了一个"紧急措施小组",这个小组成员包括钱学森、钱三强、钱伟长、黄昆、罗沛霖、王大珩、马大猷等人,按照吴明瑜的说法,"他们都是中国科技界精英中的精英"。

"紧急措施小组"经过讨论,提出了六项内容,即原子弹、导弹、计算机、半导体、自动控制技术、无线电电子学。前两项作为国防尖端项目,由国家另行安排,因此,"紧急措施小组"就起草了需要重点发展的计算机、半导体、自动控制技术、无线电电子学"四大紧急措施"的文件。这份文件受到国务院的高度重视,国务院随即决定在中国科学院新建三个研究所和一个研究室,即计算机、自动控制、无线电电子学三个研究所和在近代物理研究所内新建半导体研究室,还从各个大学的应届毕业生中抽调一批优秀学生进入研究所、研究室。钱伟长受命筹建自动控制研究所并任所长。这"四大紧急措施"不仅是由当时世界科技发展形势决定的,也是世界技术革命的标志性领域,而且和当时中央决策的发展原子弹、导弹的"两弹"计划相一致。到1960年,苏联专家撤离中国后,更显示出这个规划的超前性、正确性。

中华人民共和国成立之初,全国的科研工作者不到5万人,科研机构只有30多个。尽管实施了第一个五年计划后,状况有所改善,但仍无法满足新中国各项建设的需要,尤其是从事自然科学研究的人员更是少之又少。

当时力学人才非常稀少,与航空、航天需求形成巨大缺口。钱学森、钱伟长紧急筹办力学研究班,希望在短期内培养有工科背景的复合型力学人才。在《十二年科技规划》出台后,第一个力学研究班于1957年2月开课,钱伟长、郭永怀亲自执教,第一批学生就有120人。

在《十二年科技规划》制定工作结束时,周总理特别提到钱学森、钱三强和钱伟长的贡献,称他们为"三钱"。从此,"三钱"之名享誉九州,成为那个时代青少年仰慕的科学"明星"。

"四大紧急措施"的提出,力学研究所、自动控制研究所的创建,为我国后来"两弹一星"的巨大成功发挥了极其重要的作用,而钱伟长在建设研究所与培养人才等方面做出的贡献是不应该被忘记的。

第五章　风雨飘摇还须守

　　身处逆境的钱伟长，面对人生的大起大落，有过不解与苦闷，但很快便找回坦然镇定。无论他被扣上什么"帽子"，下放到哪里"改造"，他都没有一蹶不振、自暴自弃，仍然尽己所能地用科学知识发光发热，为社会服务，科学报国的初衷始终如故。

1. 众人皆"醉"我独醒

1952年5月,教育部提出全国高校院系调整原则和计划,其方针是"以培养工业建设人才和师资为重点,发展专门学院,整顿和加强综合性大学",明确发展工业学院,尤其是单科性专门学院。这次调整实际上是对苏联教育模式的全面移植和模仿。

与欧美大学的通才教育模式相比,苏联的高等教育模式一般被称为"专才教育"。这是一种与计划经济、产品经济体制高度契合,与动员型社会同构的教育制度。这种教育模式对教育实行高度集中统一的计划管理,教育的重心倾向与经济建设直接相关的工程和科学技术教育上;教育计划与国民经济建设计划紧密相连,按产业部门、行业,甚至按产品设立学院、系科和专业,确定招生和学生分配;国家对高等教育实行垄断,学生上学全部免费。

第五章　风雨飘摇还须守

这种教育模式的优点是可以集中国家资源,迅速培养大批高度专门化、专业狭窄的"现成专家",但其弱点也是显而易见的。钱伟长身为清华大学副校长,很快就发现了这种教育模式的弊端,他认为工科学生要有理科基础,大学的专业不能分得过细;科学技术日新月异,学校应着重培养学生分析问题和解决问题的能力,并主张理工合校。

1956年4月28日,毛泽东在中共中央政治局扩大会议上提出了"百花齐放,百家争鸣"的方针。1956年7月7日,钱伟长在《人民日报》上发表了《"百家争鸣"是科学发展的历史道路》一文,表明自己对这一方针的衷心拥护。文章全文如下:

"百家争鸣"是科学发展的历史道路,是同科学发展的客观规律相符合的,所以鼓励"百家争鸣"就能够推动科学发展,我们从事自然科学工作的人,衷心地拥护这个方针。

自然科学几百年以来长期发展的历史,都说明了科学是在不断的争论中成长起来的。哥白尼建立地动说,牛顿建立古典力学的体系,爱因斯坦提出相对论学说,又如光的波动论、微粒论的统一以及量子力学的建立等等,都经过了长期的争论。在目前对物质构造有巨大意义的场论,正是物理学家争论的中心。参加这个争论的何止百家。科学就是这样在不断地修正陈旧的看法,不断地肯定合理的、否定不合理的道路上前进着，没有不同意见的争论，科学就得不到发展。

　　自然科学的发展，是人类对无限宇宙的认识日益扩大、日益深化的过程。任何科学家对于事物的认识，对于后来的科学家来说，都是比较局限的和比较片面的。但是就在这些比较局限的和比较片面的认识里，也还反映着物质世界的真实情况的一部分。人们对于物质世界的比较全面的认识，永远是建立在各个比较局限的和比较片面的认识的基础上的。但是，就是这个较全面的认识，本身也一定还带有局限性和片面性，因此，也一定还有一些带有另一种局限性和片面性的认识和它不一致。这样就会促成一种更全面的认识。自然科学的发展就是不断地在克服认识的局限性和片面性，而同时吸收这些有局限性和片面性的认识的合理内容，来丰富和扩大我们的认识界限的过程。在这个认识的发展过程里，科学家们由于各自的不可避免的局限性和片面性，就一定有不同意见的争论。只有人们从这许多不同的但是都带着局限性和片面性的意见里，找到了共同的较全面的结论以后，争论才会暂时地趋于缓和。但是，这样的暂时稳定的局势，在科学的认识面逐步扩大以后，又会渐渐失去平衡，而展开进一步的更高级的争论。百家争鸣是科学发展的正常情况。百家不争正是表明科学发展暂时趋于停顿的情况。

　　科学争论也会根据参加争论的科学家的态度，得到不同的结果。科学家如果认识到每个人的认识包括自己的认识在内,都有它的片面性和局限性,同时也都有它的部分真实性,则不同意见的争论,一定会引导我们在新的不同的角度去进行科学工作,这种工作就有可能把各个不同的片面联结起来,达到了包括现存各种片面认识的较全面的结论。但是,如果科学家认识不到这一点,毫无根据地武断认为只有自己的意见是正确的,人家的不同意见没有一些真实的内容,那么,这种争论就不可能有任何科学的结论。科学的争论必须要建立在承认和尊重别人的科学劳动的基础上,才能健康地发展,才能为科学的发展创造有利的条件。那些"文人相轻"式的"武断"式的争论,是毫无鼓励的价值的。

我们愿意用四个瞎子摸象的故事,来说明这个问题。当四个瞎子摸着大象的各个部分时,有三个瞎子摸着了三条不同的腿,一个瞎子摸着了象的肚子。于是四个瞎子对于象的认识就引起了论争。如果那三个摸象腿的瞎子用多数举手通过的方式对于象的认识下了结论,则这个结论一定是非常可笑的。如果那三个瞎子用虚心的科学态度听取少数派那一个瞎子从摸到的象肚子来得到的认识的结论,尊重这个瞎子的劳动,则通过争论后,一定就会引导到三个摸象腿的瞎子抬起手来摸象肚子,而那一个摸象肚子的瞎子去摸象腿。在这样探摸的过程里,可能启发大家更全面地去摸,首先将会摸到肚子和腿连接的部分,然后摸到象背，最后发展到象的头和象的鼻子，于是就引导大家去得到更全面的结论。

科学的争论虽然是科学发展的必然道路，但是争论还必须有共同的基础。科学争论的基础在自然科学里是实验的根据和公认的逻辑方法。这就是说必须要"持之有故，言之成理"。实验的根据，必须是在特定的条件下人人都能重演的。逻辑方法必须是公认的共同的讨论方法。不然，你说做了一个实验，得了一个结论，人家无法用同样的条件证实你的实验，或是你说的道理人家听不懂，那个争论就无法进行。自然科学的论争是在发展过程里自然产生的，它是建立在一个实事求是的基础上的，决不是故意地为争论而争论，为争鸣而争鸣，这和"持之无故，言之无理"的乱争胡闹是不相同的。

在自然科学里，争论的根据是可靠的实验，那些企图用单纯引证任何权威的言论来作为争论的根据的办法，并不能达到任何结论。科学的权威也是建立在"持之有故，言之成理"的基础上的，他可能掌握了更多更广的实验知识，可能比一般人认识得更全面，但是他的权威价值仅仅是这些，当超越了他的应有的程度，他的言论就失掉了权威的作用。

我们可以用天文里客星的问题来说明实验和论争的关系。我国古代历史上有不少关于客星的记载，客星忽然大放光明，几个星期以后渐渐就看不见了。以后，就是在最

第五章　风雨飘摇还须守

有效的天文望远镜里,也没有找到。这个实验观察的事实,是经过许多人验证了的。但是对于这个事实,曾经有过两种不同的看法,在公认的逻辑范围里都有道理,一方的意见认为,客星还在空间原来的方位,只是不发射人所看得见的光罢了。另一方的意见,认为客星是星球爆炸的过程,爆炸后星球已经粉碎,分散在太空里,原来的方位上已经没有星球了。这两个看法的争论如果没有别的实验的验证是不可能有什么结论的。最近当无线电天文学(即射电天文学)发展了以后,通过无线电波的测量,证明了客星仍旧在原来的方位,它虽然不放射可见的光波,但是它还不断地发射着无线电波。这个实验就决定了长期未决的论争。从这个事例里可以看到,科学的论争只会推动人们从不同的角度来进行实验。通过实验,可以取得不同论争的结论。科学的论争绝不是仅仅依靠权威的发言来取得结论的。

在高等学校的自然科学教学工作中,同样应该贯彻"百家争鸣"的方针,只要这些争论是有实验的根据和合乎逻辑的推论。因为科学是在不断发展着,如果一定要是定论才可以用为教材,那么,就很容易堵塞了青年们的创造性,并且也是违反科学发展的原则的。我们一定要让青年学生们了解到任何一个科学结论都有一定的条件,也就是说有一定的局限性。我们在高等学校里从事自然科学的教育工作者,有责任要具体地说明这些结论有些什么局限性,在超越了这种局限性以后,将会发生什么问题,和有着什么争论。那些把自然科学教成了"天经地义"的结果，就会给青年造成绝对化和科学死硬化的习惯，这样的青年，就不会怀疑，不敢怀疑，同时也无从怀疑，当然也就不可能是科学上独立工作的和不断地创造前进的人。这些人就是教条主义的传播者。

"百家争鸣"一定会给我国科学带来飞速发展的前景，因为它是符合科学发展的客观规律的。我们自然科学界一定要为很好地贯彻这个方针而努力。

在"双百"方针的鼓励下，本着对国家负责的态度，钱伟长坦率地表达了自己的教育观点。当时的新中国对苏联的一切都有着超乎寻常的模仿热情，钱伟长的主张显然与清华园内外的思想潮流相背离。因此，他的观点很快引发了一场持续三个月之久的"百日论战"，《清华大学学报》经常整版刊登关于这场大辩论的内容。

1957年1月31日，钱伟长在《人民日报》上发表了《高等工业学校的培养目标问题》一文，回应人们对他的种种责难。他在文中写道："今天的教学工作中有一个明确目标是好的，但是目标定得过高过死，是造成学生学习负担过重的主要原因之一。由于过分地强调了学生出门就要做某某工程师的要求，专业课分类就显得庞大复杂，把一切纯经验性的生产知识不加选择地搬进了课堂。另一方面，忽视了基础理论课和基础技术课必须有足够的课外时间让学生进行独立自学的原则……同时，过分地强调了专业课，以致基础技术课这样重要的环节，不论在师资上，还是在教学工作上，都过分地削弱了。针对这些问题，大学教育首先要给予基础理论课足够的重视，拉长学习这些内容的期限；其次，加强基础技术课的训练，尤其是熟练性。而专业课则应当提高主要专业课的质量，一些非主要的专业课程应大量精减。"

钱伟长提出的这些意见和建议，正是20世纪80年代我国高校改革的重点之一。但在20世纪50年代的特殊环境下，很多人不愿意冷静地看待苏联教育模式中存在的种种问题。

为了解决当时科研工作中存在的一些问题，曾昭抡、千家驹、华罗庚、童第周、钱伟长等经过调查和座谈，向国务院科学规划委员会提交了一份《对于有关我国科学体制问题的几点意见》的报告，就关于保护科学家，中国科学院、高等院校和业务部门的研究机构之间的分工协作，社会科学，科学研究的领导和培养新生力量五个方面的问题，提出了许多宝贵的建设性意见。1957年6月6日，民盟中央副主席史良邀请17位教授参加午餐会，即"6月6日教授会议"。6月9日，《光明日报》未经作者同意，就登载了这份报告。后来这份报告被视为"反党反社会主义的科学纲领"，在全国范围内受到批判。

6月下旬，清华大学的"反右"运动开始了。许多教授和学生纷纷站出来批判和声讨钱伟长，批判他"不要苏联，要英美德日"，"破坏社会主义科学事业"。随着运动愈演愈烈，清华大学的报刊也开始长篇累牍地刊登批判钱伟长的文章。7月，钱伟长被迫停止一切工作。

1958年1月15日，清华大学正式宣布撤销钱伟长一切职务，包括研究生导师、期刊编委等职务，保留教授职称，降级留用（从一级降为三级）。除了钱伟长外，参会的其他5位教授也受到严重影响，无一幸免。对于这段往事，钱伟长的学生黄黔教授说：

"他常常标新立异，发表与众不同的见解。由于顾虑少，讲真话，他的话具有更大的科学价值。过了20年，批判过他的人可能也不自觉地持有和他相似的观点。例如，当年他建议理工合校，认为没有坚实的理科做基础，就办不好像清华大学这样的学校。当时在建议书上签名的几百人大都被打成'右派'。而现在，这一观点已得到大多数人的赞同，而且即使持有不同的观点，也会被看作工作中的正常现象。

"我从学生的角度猜想，先生敢说话，大概是因为他在科学上取得的成功和快乐，都是从敢想敢做开始的。他探索创新的冲力从未止息。他已经发表了100多篇科学论文，现在还在继续做。每一篇论文都有新的构想，都要呕心沥血，都要克服重重困难，又都会带来新的欢乐和动力。学得多，需要有毅力；做得多，必定要有勇气。"

2. "右派"的彷徨与执着

当时,清华大学的"右派"教师都被派到了"北大荒"。钱伟长因为毛泽东主席的一句话——"这个人,我知道,他教书教得很好"——而以教授资格继续留在清华大学,这算是不幸中的万幸,虽然级别从一级降为三级,但还有工资。

因毛泽东主席点名而保留教授职务的,除了钱伟长以外,还有费孝通。费孝通是我国著名的社会学家、人类学家、民族学家和社会活动家,也是中国社会学和人类学的奠基人。新中国成立前夕,费孝通和钱伟长都在清华大学任副教务长,分管文、理科。1952年院系调整时,他们都主张维持清华大学原来的综合大学格局,不同意院系调整为只搞工科的方案。由于相似的经历,他们两人惺惺相惜,在平反后还成了莫逆之交。

1959、1960年,国际力学会议主席柯爱特教授两度邀请钱伟长到荷兰主持现代壳体力学研讨会,并表示提供往返旅费及生活资助,但都遭到清华大学校领导的拒绝。

钱伟长的生活和事业一下子跌入谷底,他再也不能走上讲台,再也不能带研究生钻研科学了。一把扫帚和一块抹布成了他终日的"伙伴",打扫厕所和楼道,在实验室里听候差遣，成了他每天的工作。但他从不抱怨，就算打扫卫生也是勤勤恳恳、认真对待。当时他已经年过五十，但他始终相信，只要坚持信念，有朝一日他一定可以继续从事热爱的科学事业。那段时间，他的书房里没有书桌、书柜，书籍资料几乎尽数丢失。每天一有闲暇，他就悄悄开展抢救工作，将一些被撕碎的文稿重新粘贴起来；如果碎得无法拼贴，他就重写重算。

在钱伟长的不懈努力下，不少珍贵的科研资料得以保留。一时的困难没有阻挡他对科学事业的深情和追求，也没有磨灭他对祖国和人民的深情和忠诚。在知识的海洋里，他找到了真正的自我，外界的挫折无法阻挡他享受科学给他带来的乐趣和美好。

他想到颤动理论的研究才刚刚起步，这项工作是一定要进行下去的，可是，去哪里研究呢？如今实验室对他大门紧闭，图书馆也难以跨入，该去哪里呢？可以去哪里呢？

此外，高等材料力学问题、圆柱壳小挠度的精确理论、闭合截面圆柱壳的渐近解、悬梁式矩形板的计算等，都是他早就准备研究的课题，可现在他被打成"右派"、有可能开展这些工作吗？《应用数学》的书稿已经交付出版社，命运未卜，但愿它不至于受到自己的牵连，但愿人们不要迁怒于它。

一天，钱伟长在下班回家的路上，看到几个学生抱着一摞书从图书馆走出来。他一时忘了自己的处境，不由自

第五章 风雨飘摇还须守

主地朝图书馆走去。就在他要进门的时候,里面出来一个人,诧异地斜眼瞥了他一眼,匆匆走开了。正是这一眼,让他触电般地缩回自己迈出的脚。尽管那眼神没有恶意,但对敏感的钱伟长来说却是一种无声的质疑与抵触,令他心寒。

他闷闷不乐地回到家,看到桌子上有一封出版社的来信,突然产生了强烈的不祥之感,但他仍鼓起勇气拆开信。随着目光在信纸上移动,他的呼吸越来越急促,竟没有注意信纸从手中悄无声息地滑落。

这时,孔祥瑛刚好进屋,她见丈夫怔怔地站在桌旁,神态不对劲,关切地问道:"伟长,你怎么了,哪儿不舒服吗?"

钱伟长回过神来,深深地叹了口气,没有作声,只是默默地走到沙发前坐下。孔祥瑛猜想丈夫又受到了打击,她捡起地上的信纸,粗略浏览后柔声劝道:"人生在世,不如意之事十有八九。这政治上的挫折,未必不是好事。人活一世,总要想开些,学会自我宽慰才好。"

"如果这次运动只是摘去那些乌纱帽,倒没有什么,也是我求之不得的。但现在并非如此,他们连我的科研能力也怀疑,连那没有生命的文字都要受到我的牵连。"钱伟长心酸地倾吐心中苦水。

"既然人家不出版,你再生气也无济于事,何苦拿别人的不妥当让自己苦恼呢?"孔祥瑛继续宽慰道。

"不,这不是简单的一本书的事,他们这是在宣布我没有从事科学研究的权利了!"钱伟长激动愤慨地说。

孔祥瑛无言以对。夫妻俩默默地坐在沙发上,屋子里一时陷入悲哀、愤懑的气氛。过了一会儿,钱伟长又开口道:"我一向认为,科学研究是科学家的生命,放弃了科研,科学家的生命也就停止了。"

对于钱伟长的心情,孔祥瑛是十分理解的。他一腔热血,半生辛劳;他寒窗苦读,海外漂泊;他视富贵如浮云,毅然回国;他向往光明,疾恶如仇。这一切,不正是受这种信念的驱使吗?这的确是他生命的火光、生命的灵魂啊!

想到这里,孔祥瑛的喉咙也哽住了。她看着饱经磨难又坚忍执着的丈夫,想起一句西方格言:上帝是公平的,在赐予你智慧的同时,也会给予你更多的磨难,唯有经历过磨难,你的智慧才会变得光彩夺目。

"当然,人生的道路还长着呢!"良久,钱伟长才从痛苦中挣脱出来,轻声说道,"我是决不会在挫折面前却步的。扪心自问,如果说我从海外回来的10多年有什么对不起祖国和人民的话,那就是我的科研工作做得还很不够。我不想遗恨终生,我必须努力弥补失去的时间。成果即使不能发表,它也是成果。我不会放弃的!"

钱伟长从沙发上站起来,走到窗边,微风吹拂着他,带来阵阵凉意,也驱散了些许他心中的烦恼。清华园的夜如此宁静,他平和而坚定地望着天空……

3. 甘当"地下工作者"

被迫停止一切教学科研工作的钱伟长，其实没有一天真正停止过工作——他只是把工作状态由"地上"转到了"地下"。

他虽然是"右派"，但是仍有各行各业的人通过不同的渠道，悄悄找到他家，向他咨询科学问题，请他帮忙查找资料、推荐人才，或进行工程设计运算、提供设计方案、解决技术难题、翻译最新外文资料等。这些来人中有部长、厂长，也有技术干部和工人。每次，他们都不报家门，不说缘由，只隐秘地提出问题，然后带走解决方案和方法。

钱伟长也不多问，只为对方查阅资料、推演计算。但他后来凭借在一些出版物上看到的公式及观点，就能判断出论文的作者来找过自己。这让钱伟长颇有感触，热爱祖国的人始终在一心一意地为国家的强大而努力奋斗，这深深地感动着他，他似乎从这种"地下活动"中找回了自己坚持的信念，不再迷茫……

从1958年至1966年，钱伟长间接参与的科研项目多达100多个，其中让他记忆深刻的有这样几件事情：

——代联合国冶金组专家顾问、曾任冶金部副部长的叶祖沛教授起草了加速推广转炉的建议书，并设计了高炉加压顶盖的机构，做了强度计算，还帮助他做了在首钢试验的理论准备。

——应地质学家、地质部部长李四光的要求，研究了测量地应力的初步设想措施。李四光还推荐其研究生潘立宙（因"右派"问题被下放到新疆）跟随钱伟长从事这一研究。后来，潘立宙被李四光调入地质力学研究所工作，在地应力测量方面做出很大的成绩。

——为国防部门建设防爆结构、穿甲试验、潜艇龙骨计算提供咨询，推荐人才。

——为人民大会堂眺台边缘"工"字梁的稳定，提出以栏杆框架承担其增强作用的方案。

——提出北京工人体育馆屋顶网络结构的设想，并提供计算方法。

——针对山区电缆的下垂问题，以及风荷下电缆的长波跃动和互相干扰问题，为架线工提供咨询。

——为架子工、铆工的拉力扳手提供设计资料。

——为试炮场、防护体结构、储油罐顶盖结构的计算，电厂冷却塔的设计计算，波纹管和膨胀接头的设计计算，拉晶机的设计计算等提供咨询。

——为电缆厂提供自己没有发表的电缆强度计算方法及公式。后来，这些公式出现在电工手册上，但并没有提及作者和公式来源。

当时北京机床厂从民主德国购买了4台机床，发现机床与说明书的内容不匹配，厂里没有人能解决这个问题，也不敢贸然试车。无奈之下，工程师找到钱伟长，钱伟长非常热情地接待了他，答应亲自去察看机床。对照了机床和说明书后，钱伟长发现机床是新型号的，但说明书上的机床却是旧型号。于是，他重新编写说明书，妥善解决了这一问题。

1960年，钱伟长的"右派"帽子被摘，但他的工作和成果依然不被承认和接受。最先为他打开工作局面的是校外的单位。这一年，他接到北京地区冶金学界和金属学界的邀请，请他开设晶体弹性力学课程。这次钱伟长在外授课时间长达4个月，他为这次授课编写的讲义将近30万字。

1961年春，钱伟长在力学班开设了一学期的颤动理论课程。接着，他又接受北京航空界的邀请去讲授专用于飞机结构的颤动理论，开设了空气弹性力学课程。半年的授课时间中，钱伟长写下约60万字的讲义。此外，钱伟长还为力学班讲授工程流体力学课。

1962年，钱伟长终于重新登上了清华大学的讲台。1962年至1963年，他为清华大学校内教师培训班讲授应用数学、微分方程的理论和解法、弹塑性力学基础等课程。同时，他还多次为动力系毕业班讲授汽轮机的强度设计理论基础课程，为电机系毕业班讲授电机强度设计理论基础课程，为机械系讲授应用弹塑性力学等。

1963年12月，钱伟长被特许参加学校的学术讨论会，并在会上作了《关于克希霍夫－拉夫假设在古典小挠度壳体理论上的应用》的报告。

1964年3月9日，钱伟长根据自己几十年的研究，写了一篇题为"关于弹性力学的广义变分原理及其在板壳问题上的应用"的论文，寄给《力学学报》，不料却收到编辑部"不宜发表"的退稿信。愤愤不平的他写信给编委会申辩，但信件却如同石沉大海，没有回音。

1968年，日本科学家鹫津久一郎的著作《弹性和塑性力学中的变分法》在美国出版，书中提出了与钱伟长论文中相似的论点，只是这个论点的提出比钱伟长晚了整整4年。随后，这一实际上由钱伟长最早提出的论点在国际上风行一时。而钱伟长的论文直到1978年才正式发表，此时已经是成文后15年了。

从1960年开始，钱伟长共讲授了12门新课，写了约600万字的讲义。与此同时，他为《力学学报》编辑部审稿300多篇，他一丝不苟地履行职责，有些稿件的审稿意见甚至比原文还要长。他的"地下工作"成果源自他对国家、人民、科学的深厚感情，他一心一意想把个人所学运用到祖国的建设事业中。无私为公的精神是推动他度过艰难时期的内在力量，也是他身上熠熠闪光的人格宝藏。

4. 科研与劳动的桥梁

"文革"开始后,钱伟长以"摘帽右派"的身份再次受到批斗,并被关进"牛棚",每天除了在"造反派"的监视下劳动改造,就是没完没了地写"认罪书",检讨自己的"罪行"。在被关了一年之后,1967年,钱伟长被分派到学校修建科,管理建筑材料。他终于可以跟杂活脏活说再见了,终于可以回到温暖的家了。可是一踏入家门,他目瞪口呆:家里完全变了样,一家五口挤在一间小屋子里,书稿散落一地,占去了房间的一半。令他欣慰的是,还有一部分文稿和书籍。

"啊呀,你怎么回来了?"看到钱伟长突然出现在家门口,孔祥瑛又惊又喜。

"爸爸,您不会再走了吧?"孩子们的脸上也流露出既担心又期待的神情。

听到妻儿的问话,钱伟长木然地点点头,然后蹲在地上收拾凌乱的文稿。《颤动理论及其计算》找到了,《无限长圆管在外力作用下的屈曲问题》找到了,《带有边拱的弹性支承底球形扁壳的计算》也找到了,只是有不少残缺,有的已被撕碎,他找来糨糊,把破页粘了起来。《关于弹性力学的广义变分原理及其在板壳问题上的应用》这篇"不宜发表"的论文,被踩上了脚印,但总算安然无恙。

"那本《傅氏级数之和》的大表哪里去了?"他一边焦急地寻找,一边自言自语。

大女儿钱开来在一旁搭腔:"爸爸,我在床铺底下见过,我给您找吧!"

很快,钱开来就把大表的残稿从床底下扒了出来。她一边掸上面的尘土,一边不解地问:"爸爸,您费这么大劲弄这样一本大表,有什么用处呢?"

钱伟长接过那本大表,苦笑着说:"用处?做科研工作,需要攻关,也需要搭桥。我这套表,打算用简单的函数表示出万个三角级数之和的公式,这对工程设计和科学计算都是大有用处的,也可以说是为大家搭起一座桥梁吧。目前世界上还没有人做这个工作,我想尽快把它做出来。"

钱伟长打开电灯,把用牛皮纸做的"窗帘"挂到窗户上,打算开始"工作",却发现没有椅子。他问妻子:"咱家的椅子呢?"

孔祥瑛苦笑着说:"你也不瞧瞧,这间屋子还能找到放椅子的地方吗!我把它们送到木器行寄卖了。"

钱伟长无可奈何,喃喃地说:"那,那只好……"

这时,懂事的孩子们说:"爸爸,我们把书摞起来,不就可以做成一个凳子了吗?"

于是,钱伟长坐在一摞书上,开始进行三角级数的推

第五章 风雨飘摇还须守

演和运算。

半夜,熟睡中的孔祥瑛被一阵声音惊醒,她问钱伟长:"怎么啦?"钱伟长一边从地上爬起来,一边苦笑着回答:"没什么,我的'凳子'散架了。"他用手掸了掸身上的土,把书重新摞起来,对妻子说:"我看还是把椅子赎回来吧,明天就去赎。"

就是在这样艰苦的条件下,钱伟长默默不辍地完成了《傅氏级数之和》,这本包括一万余个三角级数之和的大表。在国际上,英、美、德、苏都有三角级数之和的专著,但最多只收录了560种三角级数之和。钱伟长的表中除了常见的以分数、幂函数、阶乘函数、三角函数为系数的三角级数外,还包括大量以特殊函数,如椭圆函数、指数函数、贝塞尔函数、汉克尔函数等为系数的三角级数,其中很多在微波计算、电磁场计算、弹性板壳计算和传热计算上都很重要,其中80%是钱伟长研究计算的新成果。

1967年10月29日,钱伟长和清华大学力学教研组的40名教师一起被下放到首都特殊钢厂(以下简称"特钢")劳动。55岁的钱伟长成了一名三班倒的炉前工,和工人师傅"同吃同住同劳动"。尽管炼钢厂的体力活对他来说有些吃力,但他还是很高兴,因为他有了一份实实在在的工作。平时他吃、住都在钢厂,周末和节假日才回家。

炉前工是很辛苦的工种,需要手持长铁杆操作,铁杆重达52公斤,55岁的钱伟长完全拿不起来。但是这难不倒这位力学家，他设计了一个三条腿的铁架子，操作时把铁杆架在架子上，一下子省了很多人力。很快，这个方法就普及开来，每个炉子前都有了这样一个铁架子。

钱伟长还帮首钢设计了一台800吨的水压机和一个2000平方米的热处理车间。作为"反动学术权威"，钱伟长被剥夺了讲课的权利，但特钢破例请他给工人师傅们讲课。钱伟长为此感动得热泪盈眶。对他而言，这不是单纯的讲课，还包含着工人们对他人格的尊重和肯定。精神久遭践踏的他，在那一刻体会到了真善美的力量。

1969年夏，清华大学忽然通知特钢工宣队领导，让钱伟长立即返校，随几百名清华大学教师去江西鄱阳湖边的鲤鱼洲农场进行劳动改造。特钢工宣队领导拒绝了这一要求，借口说钱伟长在钢厂还没有改造好，不能让他离开。后来钱伟长探听得知，鲤鱼洲农场是严重的血吸虫病疫区，假如没有特钢厂的保护，他随众教师去到那里，后果将不堪设想。

在特钢厂劳动的这段时间，钱伟长将知识与劳动实践密切结合起来，为工人们带去许多便利，因而他们的关系也日益融洽。最明显的就是工人们对钱伟长的称呼变化，起先他们连名带姓地叫他"钱伟长"，后来尊称他"钱教授"，熟络了之后干脆喊他"老钱"。而钱伟长对这一变化也心生感念，他深深地感受到劳动人民的纯真与质朴。

5. 研制高能电池

"文革"后期，钱伟长的境况有所好转。1972年10月，他随中国科学院代表团访问了英国、瑞典、加拿大和美国。访问四国的所见所闻让他感叹不已，第三次科技革命使世界发生了巨大变化，中国与西方发达国家的差距进一步拉大。访问结束后，虽然学校还是没有给他安排科研任务，可是作为一名科学家，他觉得自己应该做点什么。

钱伟长想起在1969年的珍宝岛自卫反击战中，人民解放军缴获的那辆苏联坦克。当时他看到之后，认为苏联坦克设计得很笨，它的侧面有一块很薄的钢板，极易被击穿。他提议研制复合装甲护板，在不加重装甲重量的前提下，提高装甲抗弹能力。这一提议通过军宣队领导转达给有关部门后，得到了首肯，接着有关部门便组织力量试制。后来这项工作因"九一三"事件引起人员变动而中断。如今，钱伟长又想起坦克的事情，不过这次他想到的是坦克的电池。

当时，每辆坦克都装有四个铅酸电瓶。坦克启动时需要很强的电力，四个铅酸电瓶只够启动15次。所以，在珍宝岛战役中，中国的坦克经常打打停停，驾驶里程也只有几十公里。钱伟长考虑给坦克研制一种电力更强的电池。

军宣队领导批准了这一建议，组织了一个高能电池研究小组，归化学教研组党支部领导，由支部书记孟祥发负责，参加者共6人，但他们当中没有一个人懂电池。

为了尽快掌握行业信息，钱伟长用60天时间，查阅并翻译了400多篇专业文献。这些文献中提到两种电力很强的电池，一种是氯电池，另一种是星空器电池。氯电池试验起来很危险；而星空器电池是一次性的，不能重复利用，用在导弹上还可以，用在坦克上不行。钱伟长决定取长补短，制造出一种更适用的电池。

但巧妇难为无米之炊，要研制新电池，需要设备、材料、人员等多方面的准备。为了克服重重困难，钱伟长灵活变通，没有实验设备，钱伟长就和研究小组的人一起动手制作设备。他们从学校的废品堆里找旧材料，把废弃的千斤顶修好后倒装在钢架上作为手动的电极板压力机，将废电线拆开取出里面的铜丝镀银作为电板网的编制材料，把废轮锯片装上旧电机作为制作电池匣的电锯……

有了设备还缺原材料。电池的主要原材料包括聚四氟乙烯、电化学反应的催化剂、电极包装塑料薄膜和其他辅助材料等。这些材料有的我国没有生产，有的没有大批量生产，有的生产了质量不合格。于是，钱伟长亲自跑化工材料行及各相关生产厂家的仓库，有时甚至到化工厂的车间与老师傅直接商量。他骑着自行车几乎跑遍了北京大大小小的工厂车间，最后终于解决了原材料问题。

第二年,钱伟长带领研究小组成功研制出一种与普通电池体积、重量相等,而能量高出 8 倍的一次性电池,其性能超出同类电池 40%,而且成本较低。其中的关键技术是,他们发明了空气极板的新工艺。这种极板是多孔性的,还有很好的抗水性,即使在加压的条件下,水和其他电解质溶液也完全不会渗漏。这种极板还可以用来制作燃料电池的极板。

很快,许多电池厂移植了这项技术,生产出来的高能电池填补了电池行业的空白,受到广泛欢迎。在高峰时期,有 100 多家电池厂与研究小组联系,参观取经者更是络绎不绝。小小的实验室里曾经有 50 多名外来学习者,学习操作试制极板、测试电性能。

随后,研究小组以高能电池为基础,试制成功了坦克用电瓶。原来的电瓶每个约重 50 公斤,而新的高能电瓶重约 25 公斤,重量减半,性能却大幅提高,一个电瓶就能够供坦克连续启动 1000 多次。

研究小组还在高能电池的基础上,为铁路设计了实用的信号灯,为地质工作队设计了高能电源,分别在山海关和廊坊建了两个厂。同时,研究小组还进行了贮存保养试验、进一步提高性能的试验,以及进一步发展电瓶车的试验。

1975 年,高能电池研究小组获得北京市科技进步奖。就在众人以为从此可以加快研究时,研究遭遇寒冬。

为了试验,研究小组弄来一辆汽车,把高能电池安装在汽车上。安了高能电池的汽车，能够从清华大学开到天安门，再从天安门折返回来。但这一试验却遭到批判，说"电瓶安装在汽车车架上方是资产阶级路线，装在汽车的车架下方才是无产阶级路线"。闹了一个多月后，高能电池研究小组被迫解散。

  在当时情况下，钱伟长克服困难，创造条件改良装备的做法正说明他对国家、人民的坚贞。他曾说自己学习就是为了能把所学的奉献给祖国，因此祖国需要什么，他就钻研什么。他的眼光从不局限于自己的专业，而是从实践中搜寻研究的课题，为国家科技的进步不遗余力地奉献自己。

第六章　新起点新征程

"文革"结束后,中国迎来了科学的春天。钱伟长没有时间抱怨、叹息过去的冤屈,此时此刻,他最想做的是大展身手,更好地为祖国和人民服务,要把过去耽误的时间抢回来。年近古稀的他"志在千里",走遍全国,以国家建设需要为己任,不辞辛劳,焕发出无限的热情迈上新的"长征"。

1. 把耽误的时间抢回来

1976年10月,"四人帮"倒台,科学的春天到来了。钱伟长好像重返青春岁月,又开始不知疲倦地工作起来。20多年来,他被剥夺了讲课、科研的权利,现在他要放开手脚,再次投入科学的海洋中。

钱伟长在1980年说:"'四害'已除,重新获得科学工作的权利。欣逢1978年党中央召开全国科学大会,春风拂人,奋起之情油然而生。虽已年近七旬,还能为'四化'效力,感到无限幸福。我力图夺回已逝去的良好岁月,夜以继日地工作着。"

在完成清华大学外语教研组编写的《英汉科技词典》的部分校阅工作后,钱伟长又参加了《物理词典》的编写。他所撰写的《轴对称圆环壳的复变量方程和轴对称细环壳的一般解》《半圆弧波纹管的计算——细环壳理论的应用》《弹性理论及其在有限元计算中的应用》等科学论文，相继在《清华大学学报》和《力学与实践》等刊物上发表，引起了学术界的重视与关注。他那本《傅氏级数之和》的大表，也已整理完毕。他翻译的一本20多万字的《张量分析》，以最快的速度送到了出版社。

1964年，钱伟长曾向《力学学报》投寄了他的一篇论文《关于弹性力学的广义变分原理及其在板壳问题上的应用》，以"不宜发表"为由被退稿。后来，日本的鹫津久一郎教授的《弹性和塑性力学中的变分法》对这一问题也进行了研究，但并不深入。钱伟长在1979年发表的《弹性理论中的广义变分原理》一文，大大地发展了其成果。这篇在柜子里沉睡了15年的论文，终于得见天日。

钱伟长又重新走上了清华大学的讲坛。他讲授的"变分法与有限元"，吸引了来自各高等院校的教师和各科研单位的研究人员。他在总结讲课经验和体会的基础上，对上百万字的讲义进行改写和整理，交付出版社出版。之后，他又结合在学校开设的"奇异摄动理论"新课程，撰写了六七十万字的讲稿。

此外，钱伟长中断了20多年的研究生培养工作，也得到了恢复。

钱伟长还决定"把讲坛搬到全国去"。从1977年开始，他先后在北京、武汉、昆明、无锡、贵阳、西安、绵阳、兰州、上海等地举行了"变分法与有限元""张量分析""奇异摄动理论""穿甲力学""广义变分原理""格林函数和变分法在电磁场和电磁波计算中的应用"六个大型学术讲座。

1977年8月，钱伟长首先为北京高校教师、研究生及国务院有关部委研究所的设计、科研人员讲"变分法与有限元"。在数学中，有限元法是一种为求解偏微分方程边值问题近似解的数值技术。求解时对整个问题区域进行分解，每个子区域都成为简单的部分，这种简单部分就被称作有限元。有限元自20世纪60年代起逐渐发展并日趋成熟，但由于"文化大革命"，各高校和研究所的科学研究工作基本处于停顿状态，故在国内尚未普及，也从未有人系统讲过课。

这个讲座共有70讲，仅北京的听课人数就达500人，讲义约70万字。后来，钱伟长又在华中工学院（今华中科技大学）、昆明工学院（今昆明理工大学）、重庆《应用数学力学》编辑部、西安冶金建筑学院（今西安建筑科技大学）等处开讲，听讲者达2000余人。这个讲座也是"文化大革命"后开设的第一个大型学术讲座。

钱伟长的第二个公开讲座是"张量分析"。这个讲座是为了配合艾林根教授的讲学而开设的。当时美国普林斯顿大学的理性力学权威艾林根教授已受邀在昆明工学院讲授变分法和有限元学。此讲座共14讲，每讲三个小时。1980年，艾林根教授来华，特意到清华大学拜访钱伟长，称钱伟长为前辈。

　　第三个公开讲座是"奇异摄动理论"。美籍华人应用数学家、物理学家、天文学家林家翘在1978年回国访问时，讲到星云发展学说运用了奇异摄动理论，并鼓励钱伟长在国内推广这一理论。1979年9月，钱伟长在清华大学开设了这一公开讲座。该讲座共有50讲，讲义约50万字，听讲者千余人。后来，钱伟长又在华中工学院和上海讲了两次。

　　第四个公开讲座是"穿甲力学"。这是钱伟长应国防部门的要求开设的。该讲座于1981年7月至9月在庐山举行，共50讲，讲义约40万字。《穿甲力学》出版后，于1988年获国家优秀图书奖。迄今为止，国内尚无同类专著出版。

　　第五个公开讲座是"广义变分原理"。这是民盟中央多学科学术讲座的一部分，主要是钱伟长1982年获国家自然科学奖的"广义变分原理"的内容。讲座中还对国内一些似是而非的所谓"权威"理论进行了批判。该讲座共14讲，讲义约40万字，后由上海新知识出版社（今上海教育出版社）出版。

　　第六个公开讲座是1987年1月开讲的"格林函数和变分法在电磁场和电磁波计算中的应用"。它是上海工业大学主办的微波研究班的第一个课程，共20讲，讲义约25万字，后由上海科学技术出版社出版。

这些公开讲座是钱伟长多年来的科研成果,可以说,每一个讲座都是一部新的学术论著,每一个讲座都是他对祖国、对科学的无私奉献。通过开设这些讲座,他一方面介绍了国际力学发展的新方向、新动态,使中国力学界能够更快地赶上国际水平;另一方面也是他对自己科研成果的一个总结。

2. 不遗余力完成"三项任务"

除了带研究生、开讲座、写论文,钱伟长还承担了三项任务:第一项任务是宣传"四个现代化";第二项任务是宣传祖国和平统一方针;第三项任务是参与《简明不列颠百科全书》中文版的出版工作。

实现"四个现代化",搞好经济建设,是当时中国的首要任务,也是有识之士的共同心愿。1978年7月,钱伟长在河南安阳首次作了《关于实现"四个现代化"问题》的报告。他的报告通俗风趣,以故事的形式帮助人们了解"四个现代化"的内容、必要性和可能性,以及将给我国社会生活、经济生活带来的变化等,深受听众欢迎。

钱伟长在报告中讲到,所有国家一开始都是落后的,比如美国、英国、日本虽然现在很现代化,但它们也都经历了一个由落后到现代化的过程。他举例说,英国以前很落后，只有羊，所有英国人都只能吃羊肉。很早的时候，英国人并不懂得把羊肉切碎了吃，总是把一只整羊抓起来吃，吃得脸上、胡子上都很脏，于是就用袖子擦。英国人过去穿的是大袖子的衣服，洗起来非常麻烦。于是，英国女人就想出一个办法，在袖子上钉两块石头。这样一来，男人们用袖子擦脸时就会弄疼自己，久而久之也就不擦了。英国人袖子上的扣子就是这样来的。

钱伟长风趣的报告受到听众的一致好评。郑州铁路局，邯郸、石家庄和保定市委也邀请他去作报告。于是，在回京的路上，钱伟长又分别在邯郸、石家庄、保定作了三次报告，听讲人数一次比一次多，在保定的讲座听众达到了2000人。

此后，一直到1983年，钱伟长在全国多个城市作了内容大体相同的报告，听讲人数达30余万。从南到北，从东到西，到处都留下了这位老科学家的足迹。他的嗓子讲哑了，也不愿休息；尽管身体很劳累，但他心里却无比高兴。

1980年6月下旬，钱伟长拖着病体来到酷热的郑州。到达的当天下午，他就作了一场报告。第二天，他因过度疲劳病情加重，感冒转为肺炎，高烧近40℃。在昏迷中，他被送进了医院。醒来后，他问道："我怎么在医院？我还要作报告。"医生说："您生病了，作报告的事还是等您病好了再说吧。"

几天后，病情稍有好转，他就去找医生，说："按照计划，我还有一场报告，这是必须完成的任务。请你……"

"钱教授，相信您能理解，医生要为病人负责。您的病还没有好，我们不能让您出院。"医生打断了他的话。

钱伟长无可奈何，只好作罢。又过了几天，他再次向医生恳求道："我很感谢省委领导同志对我的关怀，也感谢你们的精心治疗。我的病已经全好了，你们再不放我出去，我会得一场心病的。"

这次换作医生无可奈何了，只好同意他的请求，前提是作完报告后必须马上回医院。

1980年，钱伟长利用率团参加在香港举行的国际中文计算机会议之机，在新华社香港分社组织的报告会上作了关于"四个现代化"的报告，听众达800人，报告的录音还在香港各单位播放。

1982年9月5日至25日，70岁的钱伟长在新疆乌鲁木齐、石河子、吐鲁番、喀什、伊宁、库尔勒、克拉玛依、阿尔泰等地作报告，他用普通话讲，4位民族语言翻译轮流传译，盛况空前。

1984年、1987年，钱伟长分别在中国驻荷兰大使馆和驻波兰大使馆作了报告，同样深受华侨和使馆工作人员的欢迎。

他作报告所到的最偏僻的地方是位于四川、陕甘川三省交界的一个小县城——南屏县。他走到哪里，就把实现"四个现代化"的宣传带到哪里。他认为这是自己的责任。

钱伟长的演讲水平早在 20 世纪 50 年代就为人们所领略。那时他的演讲就曾迷倒不少人，清华大学教授黄延复就是其中之一。当时，钱伟长受北京汇文中学邀请，作时事教育报告。他生动风趣的语言，给汇文中学的学生黄延复留下了很深的印象。很久以后，黄延复还对当时的情形记忆犹新。正是这次演讲，使黄延复成了钱伟长的忠实追随者。

2007 年 4 月的一天，时任上海市委书记习近平来到上海大学，亲切看望了钱伟长，向他表示了诚挚的问候和美好的祝愿。交谈中，习近平充满敬意地称赞了钱伟长为中国改革开放事业和上海发展做出的卓越贡献，祝愿他健康长寿。

对于第二个任务，钱伟长更是全力以赴。

为了实现祖国和平统一，他多次访问香港，并在香港回归的进程中做了很多实质性的工作。1987 年 4 月，他参加香港基本法起草委员会全体会议；9 月，又参加香港基本法区旗区徽小组会议。1988 年 2 月，他参加香港基本法总体工作小组会；4 月，参加香港基本法起草委员会全体会议，确定了草案征求意见稿。1989 年 4 月，他随香港基本法国内起草委员会访港，征询港人意见。1990 年 1 月，他在广州参加香港基本法起草委员会全体会议，这次会议通过了基本法的最后文本。

钱伟长晚年每次接待台湾客人，总是对台湾同胞说：

"让炎黄子孙和睦相处吧!"他不忘提醒台湾同胞"要常回家看看,千万不要忘记回家祭祖啊!"。他说:"中国共产党提出了'一个国家,两种制度'的构想,这种构想既照顾到各方的利益,也反映了海峡两岸要求和平统一的共同愿望,建立和平统一、团结富强的国家,使其早日腾飞于世界,是中华儿女的共同心声啊!"

第三个任务——《简明不列颠百科全书》在中国出版发行,钱伟长同样功不可没。1980年12月,钱伟长参加了《简明不列颠百科全书》的中美合作谈判,并出任中美联合编审委员会中方2名委员之一,全程跟进该书的出版进程。1981年5月和1982年7月,他两次参加《简明不列颠百科全书》中美联合编审委员会会议。

编译一套包罗万象的百科全书,首要任务是聘请各个方面的专家、学者。对此,钱伟长不遗余力,积极推荐,不但亲自给各位专家、学者写信,打电话,还让妻子孔祥瑛骑自行车带着工作人员上门拜访。他经常对工作人员说:"你还缺什么人,可以告诉我,我再帮你找。"

10卷本的中文版《简明不列颠百科全书》于1985年8月终于出版问世。1986年9月至10月,钱伟长应芝加哥不列颠百科全书公司邀请,到华盛顿参加了华盛顿信息学院的研讨会,并出席了在华盛顿国会图书馆举行的《简明不列颠百科全书》中文版在美国的首发式。

三项任务,无论哪一项都需要全心全意地投入,都需要负责人对国家和工作拥有炽热的情感。这些在古稀之年的钱伟长身上,均是取之不竭的至纯动力,是他回应科学春天的响亮之声。

3. "国家的需要就是我的专业"

1982 年,由于在广义变分原理方面的出色工作,钱伟长再次获得国家自然科学奖二等奖。

实际上,早在 1964 年,钱伟长就在《关于弹性力学的广义变分原理及其在板壳问题上的应用》一文中提出了建立广义变分原理的系统性方法。文中从弹性力学的势能原理和余能原理出发,利用拉格朗日乘子法把变分约束并入变分泛函之中,接着由泛函的驻值条件来唯一地识别乘子,从而严格导出广义变分原理。

1983 年,钱伟长又发现一种临界变分状态,并因此创造出"高阶拉氏乘子法"。例如,当采用拉格朗日乘子法试图从赫林格－赖斯纳原理推导出广义变分原理时,乘子被识别恒等于零,从而无法消除应力应变约束,也就不能建立广义变分原理。而运用高阶拉格朗日乘子法,则可以成功地把赫林格－赖斯纳变分原理和胡－鹫津广义变分原理,推广成相应的更普遍的广义变分原理。这是钱伟长对广义变分原理做出的又一突破性贡献。

1987年，钱伟长在非线性（物理的和几何的非线性）弹性力学的变分原理研究方面，又取得了重要成果。他首次建立了大位移非线性弹性力学的余能驻值原理，这是一个公认的难题。此外，钱伟长还运用高阶乘子法，成功建立了广义变分原理族。

在流体力学和磁场理论中的变分原理方面，钱伟长也研究出新的成果。例如，在适当的简化约定下，他应用加权余量法建立了黏性流体"纳卫尔－斯托可方程"的广义变分原理和极值功率消耗原理；他还建立了三维各向正交异性非线性静磁场的各种变分原理，特别是其中的余能原理及其派生的广义变分原理族，都是以前从未见诸文献的。

对于有限元法本身，钱伟长也有很多创新。他利用拉格朗日乘子把相邻单元分界面上的连续条件转化为自然界面条件，大大缩减了自由度，并且简化了刚度矩阵，是对非协调杂交元的一项重大改进。他还为计算动力学（撞击、振动等）问题，创建了一个使一致质量矩阵对角化的新方法。他关于高速撞击问题的专著《穿甲力学》，于1988年荣获全国优秀科技图书一等奖。

在整个20世纪80年代，钱伟长先后承接了两项国家重点攻关课题，提出了仪表弹性元件和波纹管膨胀节的理论计算方法，如U形波纹管非线性特性的摄动解法、三圆弧波纹膜片的设计，以及轴对称载荷下旋转壳弹性元件的非线性计算通用程序等。与此同时，钱伟长仍在对壳体的基础理论和工程应用进行新的探索,一方面开展对非克希霍夫-拉夫假设壳体理论的研究,另一方面大力组织在仪表弹性元件行业和波纹管补偿器金属软管行业中壳体理论的工程应用。钱伟长关于非克希霍夫-拉夫假设壳体理论的研究,是对固体力学基础理论的新贡献。

1997年,钱伟长荣获何梁何利基金"科学与技术成就奖"。

钱伟长有句名言:"我没有专业,国家的需要就是我的专业。"他一生做了很多科研项目,写了不少科学论著,涉足多个学科领域,从不因为研究范围超出他最擅长的应用数学和力学领域,就停止或减弱探索、创新的冲力,他的每一项科研成果、每一部学术论著都是呕心沥血的杰作,都有新的构想。他之所以能达到这一境界,不仅是因为他拥有渊博的知识,更主要的是受强烈的爱国心驱使。一个典型的例子就是他发明"钱码"——汉字宏观字形编码——钱氏汉字计算机输入法。

有一次,钱伟长参加一个国际会议,一位外国专家宣称:"只有拼音文字才能救中国,因为汉字无法进入电子计算机。"次年,《语文现代化》丛刊上刊登了一篇鼓吹中国汉字拉丁化的文章,文章作者说"方块汉字在电子计算机上遇到的困难,好像一个行将就木的衰老病人。历史将证明,电子计算机是方块汉字的掘墓人,也是汉语拼音文字的助产士"。这几句话让钱伟长十分气愤。

1980年10月，钱伟长率团参加了香港电子计算机学会和国际中文电子计算机学会在香港怡东饭店主办的国际中文计算机会议。

在参观IBM、王安公司和联邦德国计算机公司的展品时，钱伟长看到IBM公司的中文输入计算机是日本人设计的，一个很大的键盘上有1920个汉字，常用字放在一块板上，次常用字放在另一块板上，叫三角码方法。王安公司把IBM的中文计算机键盘简化，但偏旁部首仍有100个，还是很大的一块板。这些公司争先说服钱伟长购买他们的产品，对此，钱伟长毫不客气地说："你们这个是落后的，那么大的键盘，我们受不了。我们走自己的道路，两年后我再和你们见面。"

1981年6月21日，钱伟长以强烈的民族自尊心和责任感，发起成立了中国中文信息研究会，并当选为理事长。同年7月，他在为天津人民广播电台科学普及节目撰写的讲稿中指出："中文是联合国规定的五种使用文字之一，全世界大约有11亿人口使用汉字。实现中文信息处理的现代化，对于促进我国发展及世界文化交流都极为重要。中国是汉字的故乡，有着5000年的悠久历史，中文信息现代化的工作应该由我国人民来完成。我们相信，依靠我国人民的力量和才智是能够实现这一目标的。"

相对来说，拼音文字的编码比较简单，因此拼音文字"进出"计算机的问题比较容易解决。而作为符号文字的汉字就不同了,《康熙字典》收录的汉字 47 035 个,其中常用的就有七八千个,怎样给这些数量巨大的汉字编码,怎样把它们输入电子计算机,确实是个难度极大的问题,但也是必须解决的问题,否则信息处理的现代化就无从谈起,就会严重阻碍我国的现代化建设。长期以来,国内外有关专家、学者和爱好者都在研究探索,力求找到一种更科学、更简便易行的汉字编码方法,到 1981 年,提出的方案已有 200 多种。钱伟长凭借深厚的国学功底,在 1985 年创造性地提出了宏观字形编码法,即"钱码",对在电子计算机中应用汉字输入法有开山之功。

钱码简单易学,被 IBM 公司选为中文标准编码之一,其特点是以汉字的宏观形态编码。平时人们经常是近似地、模糊地捕捉字形部件特征来读音辨义。钱码以汉字的宏观字形部件编码,把 151 种基本部件按形状相似、相近归类,定义在 39 个键位上。例如,把"其、耳、且、目、自、白、臼、贝、见、页"等部件编为一码,便于联想,记忆量小,易学易用。这在国内属独创。

1985 年,"钱码"获上海市科技进步二等奖;1986 年,在国家标准局组织的全国首届汉字输入方法评测中,"钱码"从全国各地选送的 34 种方案中脱颖而出,被评为 A 类方案;同年,在北京举行的全国编码比赛中,"钱码"因单人输入速度第一,获得甲等奖。

中文信息研究会理事长每届任期 5 年,钱伟长连任第

一、二届，直到 1990 年因年龄原因而辞去这一职务。在他担任理事长的 10 年中，我国中文计算机的研究从无到有，再到百花齐放，而中文输入法的编码方案更可用"万码奔腾"来形容。从这个角度来说，钱伟长对我国中文信息处理做出的贡献是不可估量的。

钱伟长在 64 岁时学计算机，于古稀之年发明"钱码"，这对一位大名鼎鼎的科学家来说需要多大的勇气！不是自己的专业领域，要放下架子，做不好还会丢面子、失身份，如果是从自己的角度考虑，他完全可以不接触自己不熟悉的领域，但是他没有这些顾虑。人怕出名，有了名气还敢于不断创新，就更加难能可贵。

钱伟长 26 岁学习力学，后来成为力学家；58 岁学习电池，后来成为电池专家；64 岁学习计算机，后来发明了汉字编码法"钱码"，成为计算机中文信息专家。据统计，钱伟长在近 20 个学科或行业都做出过贡献，这在我国科学家中十分罕见。有人尊称他为"科学家中的超人"，也有人戏称他是"改行专家"。

比如 20 世纪 50 年代，出身于力学和数学专业的钱伟长建议在我国渤海湾地区勘探石油，因此很多人笑他是"万能科学家"。说钱伟长"万能"虽然不失讥讽，但他的渊博知识早已为当时的科学界所见证。除了他兼任的各种社会职务，通过他在一些地区调研期间为地方政府解决的问题，也可以了解到他过人的学识。这些问题涉及经济、水利、科技等许多方面，有些问题即便专业人士也可能感到棘手，而钱伟长的意见建议往往很有见地。

1983年，钱伟长应邀到福建解决马尾港淤塞问题。马尾港是1975年耗资6亿元修建的新港，因选址不当，建成不久便被闽江冲积的泥沙淤塞，已经闲置弃用7年。有人提议迁建新港，但迁建新港需耗资10亿元。钱伟长到现场仔细观察后发现，泥沙淤积马尾港的症结在于：闽江南港、乌龙江流经马尾港一侧的水流急，而闽江北港流经马尾港一侧的水流较缓。要解决这个问题，就要运用"束水攻沙法"，即在江心抛石筑堤，把河床束窄，将南港的急流引向码头这边，冲走积沙。钱伟长还画出水流示意图。他的建议很快被采纳。石堤建好一个月后，淤沙被冲走，港口恢复正常使用，而这一操作只花了100万元。

1985年12月，钱伟长应邀来到黄河三角洲。黄河由于春汛冰凌冲开两岸堤防而造成河尾改道，即入海口的不稳定改道，已有千年历史，被认为是无法治理的黄河"癌症"。这次钱伟长就是为解决这一难题而来。他首先视察了胜利油田。胜利油田的主体部分在山东省东营市境内的黄河尾闾两对侧，但黄河口的拦门沙容易在冬季造成河面冻结，从而引起春汛期冰凌成灾。经过详细勘察，钱伟长认为，要防止冰凌危害，应当打开河口以外的拦门沙，使河水畅流。为此，他提出用船装载消防队使用的救火机从河口吸海水，再以高压水枪冲击拦门沙的解决方案。实践证明，这是行之有效的方案，拦门沙打开了一个约 5 公里宽的口子，水流通畅，冰凌减少，千年的难题就这样被解决了。这一难题的解决为胜利油田的长远建设和黄河三角洲土地资源的开发，提供了良好的保障。

4. "我离不开科学，更离不开祖国"

1979 年夏，中共中央以文件形式公布对 55 名党外人士被错划为"右派分子"者一律予以改正，恢复名誉，钱伟长是其中仍健在的 7 人之一。从"反右"运动开始，直到十年"文革"，钱伟长遭受了 20 多年不公正的待遇。作为一位国际知名的科学家，国际上对他的个人遭遇十分关注。

1980 年 10 月 11 日，钱伟长飞往广州，然后去香港参加国际电子计算机学术会议。10 月 12 日，他刚在香港怡东酒店下榻，消息灵通的新闻记者便闻风而来，他们对钱伟长的个人遭遇尤其感兴趣。

"钱教授，您于 1957 年被划为'右派'，直到不久前才得以平反。在您人生的三分之一时间内，特别是十年动乱期间，您遭受了不公正的待遇。您能不能谈谈这段时间内的个人遭遇呢？"记者问道。

钱伟长爽朗地笑了起来，说："这是一个老问题了，已经成了历史的遗迹。过去的事情就让它过去好了,如果老纠缠旧账,我们就会目光短浅,无法前进。现在,错误既已纠正,就要向前看,多想一想我们的未来。科学技术要赶上去,国家要实现'四个现代化',这才是我们的当务之急。"

"您对中国的前途有何看法呢?"记者又问道。

钱伟长似乎很乐于回答这个问题,他从座位上站起来,斩钉截铁地说:"我相信自己的国家是永远有希望的。"他沉吟片刻,继续说道:"我们中华民族有文字记载的历史就有几千年,在这个漫长的过程中,它经历了无数次的灾难和破坏,却始终屹立在世界的东方。事实证明,中华民族是世界上最优秀的民族之一。我们不但在灾难中得以生存,而且还重新获得了前进的勇气和动力。这充分说明,我们的民族是压不垮的。勤劳、勇敢、智慧,是中华民族的传统和特点。15世纪以前,我国的科学技术居于世界领先地位。指南针、火药、丝绸的发明和用煤做燃料的发现,就反映了古代科学技术的普及。特别是火药的发明,竟使欧洲的历史为之改变。马克思曾经说过,是中国的火药冲破了欧洲中世纪的堡垒。我们的青年中,自学成才的人为数不少。在科研单位的招聘中,有一些没有上过大学的青年人,以优异的成绩考进来。十年动乱也并未使老一辈科学家一蹶不振,他们现在满怀信心地战斗在自己的岗位上。"

说到这里,钱伟长仍感到意犹未尽,接着说道:"另一方面,中国地大物博,资源蕴藏量极为丰富。既有人,又有物,这便是我们的信心和力量的基础。"

还有一次,钱伟长在他住的照澜院 16 号接待了来采访的报社记者。记者开门见山地说明了自己的来意:"近来外边有一些传闻,说钱教授您正在申请移居国外,甚至说有关部门已经批准了这一申请。我来这里,是想了解一下您的真实情况。"

钱伟长笑道:"这条消息传得好远呀,我在海外的学生也曾来信探听真假。"他停了一会儿,平静地看着窗外,随即回过头来温和地说:"我是不会走的,要走的话,30 多年前就走了,也不会在当年不顾优越的条件和朋友们的挽留,毅然回到战火纷飞的祖国。一切荣华富贵都是身外之物,把知识献给祖国、献给人民,才是我唯一的愿望。"

"人们传播并相信您'出国'的传闻,应该和您这些年来遭受的不公正待遇有关吧?"记者问道。

钱伟长略加思索,回答说:"我遭遇的挫折确实不少,尝过各种酸甜苦辣,也经历过各种荣辱悲欢,但我始终坚信,历史总有一天会给出公正的结论。因此,无论在什么情况下,我内心都洋溢着对科研的激情和对生活的热情。给我戴大红花,我要为祖国工作;给我扣大帽子,我还要为祖国工作。现在,年近七十的我能够躬逢盛世,更应当尽我所能，努力工作，才无愧于我们这个时代的厚望。"他又说，"我就是一匹早就闯入科学园地的野马，要停止前进的脚步，是完全不可能的。我离不开科学，更离不开祖国，因为我相信祖国需要科学。"

"听说钱教授您已经积累了几尺厚的论文手稿，这是真的吗？"记者转换话题问道。

钱伟长淡淡一笑："这种说法虽然不能说是假的，但总还是有点夸张。20多年的时间，我的确写了几百万字的东西。令人遗憾的是，这些东西没有发表的机会，它们的科学价值如何，还有待检验。"他似乎不愿意过多地回忆过去，很快又把话题转到了现在："粉碎'四人帮'以后，情况可就大变了。1979年，我接连发表了15篇论文，那是我从1946年回国以后发表论文的最高纪录。在国外，有一年我发表过21篇，但现在毕竟是年岁不饶人呀！"

记者告辞时，钱伟长握着他的手说："请告诉一切关心我的读者，我的岗位就在这里，就在祖国960万平方公里的土地上。"

的确，几十年来，即使被误解、被不公正地对待，钱伟长也一直尽心尽力地做着造福祖国、造福人民的事情，他不可能离开自己深爱的祖国，因为这里有他的根！

5. 惠农人因地制宜

1987年4月,钱伟长当选为全国政协副主席。他在当选后不久的一次"两会"上,提出了"精简机构"的建议。这项提案主要是建议减少吃"皇粮"的人数,改善民生。他认为从党政机关到人大、政协,从中央到地方,都应精简人员。

除此之外,钱伟长也非常关注"三农"问题。1983年,他曾和费孝通等人前往苏南周边的小城镇考察,其中,沙洲县(今张家港市)优越的地理位置引起钱伟长的注意。沙洲县位于"黄金水道"——长江下游南岸,处于中国沿江沿海两大经济开发带的交会处,上海、南京、苏州、无锡等大中城市环列周围。钱伟长以其前瞻性的眼光,发现了沙洲县的巨大发展前景,他对沙洲县县长谈了自己对沙洲县发展经济的想法和建议。根据他在全国各地乡镇企业视察了解到的情况,钱伟长按照"城市现代化,港口国际化"的发展思路,在较高的起点上帮助沙洲县规划了扩建港口码头的宏伟蓝图,提出扩建沙洲钢厂等乡镇企业的建议。他反复强调,政府要支持乡镇企业发展,减少盲目竞争,减少暴富赤贫,少搞"花架子"和表面文章,兴办农村教育和文化产业,培养管理人才,多为老百姓做实事。

在钱伟长的建议下，沙洲县大力发展乡镇企业，吸收农村剩余劳动力，工农业产值跃居全国各县前列。1985年，沙洲县创办了沙洲职业工学院，这是我国第一所县办大学。办学伊始，困难重重，县领导向钱伟长寻求支持，请他担任名誉院长，钱伟长欣然应允。他17次到校指导工作，对学院的师资力量、专业设置、招生分配等进行具体指导。

1986年9月，沙洲县撤县建市，改名为张家港市，成为长江水道上一个新兴的港口工业城市。

根据张家港的发展经验，钱伟长在全国政协会议上提出："应将北四村的小生产纳入大市场，并且要将农村开发为具有足够消费能力的大市场。"他以敏锐的眼光发现，农民偏低的消费力是制约国民经济发展的"瓶颈"。他在发言中提出，中国最大的问题是什么？是中国老百姓消费能力不高，而且主要是农民消费能力不高，因此工业产品就会出现过剩的问题。要开拓市场，首先应着眼于开拓9亿农民这个大市场，所以要千方百计使农民富裕起来。

之后，为了推进乡镇发展，钱伟长走到哪里，就把张家港发展乡镇企业的经验带到哪里。

1991年5月，钱伟长第一次来到湖北省县级市随州。市领导诚恳地邀请他与几位镇长座谈，向他们介绍张家港致富的经验，还给他的讲话录了音。后来，湖北在全省播放了钱伟长介绍张家港市发展乡镇企业经验的讲话录音，引起了热烈反响。两三年后，随州乡镇企业的总产值达到70亿元人民币。

让钱伟长感到意外的是，他在湖北随州介绍张家港市发展乡镇企业经验的讲话录音，竟然被人带到了辽宁。辽宁省委领导亲自批示，要求在全省各县市播放，以此引起各级领导对发展乡镇企业的高度重视和支持。辽宁省委还邀请钱伟长到沈阳和丹东视察并介绍经验。钱伟长提出了以丹东、大连为窗口，带动辽宁乃至整个东北腾飞的建议，得到辽宁省委领导的高度重视。

离开东北后，钱伟长又来到西北，他访问了陕西、甘肃、宁夏的40多个县市。每到一处，他都要详细介绍张家港发展乡镇企业的经验，并根据大西北的实际情况，提出要研究解决干旱缺水的问题。

早在1986年，钱伟长还为甘肃省定西地区（今定西市）解决了一大难题。当时，定西地区有5个县在黄土高原深处，那里常年干旱，几乎寸草不生。钱伟长根据当地的地理条件，提出"以水发电，以电提水，建设灌区，兴办粮仓"的扶贫方案。按照这个方案，经过6年的努力，甘肃省在黄河两岸从兰州往北到白银一共建立了11个50万～100万亩的灌区，使长年缺粮的甘肃省做到了粮食自给自足。在1991年的华东大水灾中，甘肃还调出粮食支援灾区。

钱伟长还就甘肃白银和金川两地新建镍矿区科技人员

外流问题提出了切实可行的意见。当时,他了解到科技人员外流是因为当地经济贫困、教育落后,于是建议镍厂打破单一冶炼模式,将产品超产留厂,进行深度加工。到1992年,金川建成国有和集体两种经济成分的工业体系,用超产留厂的镍办了三个不锈钢用具厂和镍焊条厂;从镍矿渣中提炼了铜,建成两个炼铜厂和两个电缆厂,从而带动了周边地区经营的各种建筑材料和服务行业的发展,人员流失问题迎刃而解。

1988年6月,费孝通和钱伟长又率领民盟成员到青海、甘肃、宁夏等地进行了一个多月的考察,之后向党中央、国务院提交了一份报告,建议国家在黄河上游建立多民族经济开发区,作为突破口和落实民族区域自治的试验区,为全面开发大西北做准备。党中央、国务院领导对他们的意见十分重视,批示:"费孝通和钱伟长的建议很好,对党中央、国务院的科学决策,为大西北地区的开发和国家建设做出了宝贵贡献。"国务院随即批转国家计委认真研究采纳。这个报告的许多具体意见都被列入国家"八五"计划和十年规划。西北地区的干部、群众听说这件事以后,同声称赞费老、钱老"为俺们大西北人和西北地区的开发建设做了件大好事"。此后,钱伟长又多次到大西北考察,以他那颗拳拳爱国恤民之心,为祖国大西北的开发建设献计献策。

1996年,在全国政协会议上,钱伟长提出一个改变西北缺水干旱现状的"改天换地计划",即在东经 96 度~98 度、北纬 29 度~31 度约 4 万平方公里的山区,把所有山体的迎风面用爆破方式改造成缓坡,使山顶呈流线型地貌,从而减小山体对气流的阻挡作用,消除青藏高原对印度洋暖湿气流北上的阻挡,形成一条宽约 700 公里的巨大暖湿气流通道,从而为青海、新疆、甘肃等西北干旱省区带来较丰沛的雨水。他还建议在新疆西部阿拉山口和塔城之间的山区也开辟一条"气流高速公路",使来自北冰洋、西伯利亚的气流为新疆增添雨雪。尽管这一方案存在许多争议和可商榷之处,但钱伟长过人的魄力和智慧从中可见一斑。

第七章　教育理想的实践

钱伟长承认,"他的野心是想在中国办一所像加州理工学院那样的学校",为此,他在"反右"运动中被迫做过多次检讨。1982年10月,他被任命为上海工业大学校长。为了实现自己的教育理想,在"校长"这个崭新的舞台上,他上演了人生最后的精彩华章。

1. "聘钱之争"

改革开放以后,钱伟长在"反右"中被撤销的清华大学副校长的职务虽然没有恢复,但他也在四处奔忙,活跃在科学界和教育界,他急不可待地开始工作。此时,也有许多人在关注着他。

中国科学院力学研究所想请他去主持工作,因为当时的所长钱学森要到航天部和国防科工委去工作,无暇顾及力学研究所。中国科学院希望在钱伟长调任力学研究所之前,清华大学能够按照当时已经公布的中央政策,先行恢复钱伟长以前的清华大学副校长职务,却遇到阻力,调动没有成功。

几乎同一时间,华中工学院(今华中科技大学)院长兼党委书记朱九思出于对钱伟长"无限的崇敬和学校事业发展的需要",想让贤,请钱伟长去当院长。后来也因为一些原因，朱九思没能把钱伟长"挖到武汉来"，不过，钱伟长也因此和武汉的高校结下了深厚的友谊。他帮助华中工学院创设了力学专业，并指导研究生，还亲自授课，开设"变分法有限元"和"奇异摄动理论"讲座，后来又在华中工学院首讲穿甲力学。为表示诚意，华中工学院也拿出 3000 元，把钱伟长请到庐山撰写专著《穿甲力学》，使各高校都能受用。《穿甲力学》于 1984 年 12 月出版，钱伟长在该书的"序"中写道："本书的编著，得到华中工学院党委的关怀和积极支持，才能在庐山以较短的时间完成 20 余万字的编著工作，特此表示感谢！"

安徽大学也想请钱伟长去当校长。时任安徽省委第一书记、省长张劲夫"惜才如命"是出了名的。当年在"反右"运动中，对于那么多知识分子要被定为"右派"，作为中国科学院副院长、党组书记的张劲夫十分为难，开展科学工作，本来是要团结科学家的，怎么能打倒他们呢？他反复考虑后，向毛主席提出建议，在"反右"运动中要保护自然科学家。毛主席听到张劲夫的建议后说："张劲夫，你很大胆啊！"张劲夫坚持说，这些老科学家都是"国宝"，不能不保护。毛主席让他去找邓小平。1957 年 9 月 8 日，在邓小平的主持下，中共中央发出了《关于自然科学方面反右派斗争的指示》。这个文件让一批人逃过一劫，尤其是中国科学院系统，包括华罗庚、童第周在内的多位科学家。这与张劲夫有意识的保护是分不开的。因此在科学院，这两位大科学家在"反右"运动中才没有落得与钱伟长一样的命运。

事情的经过是这样的：1957年6月，"反右"运动开始前，华罗庚、童第周和曾昭抡、千家驹、钱伟长一起作为民盟中央安排的"科学规划问题"临时研究组成员，共同起草了《对于有关我国科学体制问题的几点意见》的意见书，其中涉及五个方面的问题。按照钱伟长后来的说法，这份意见书是民盟中央向国务院科学规划委员会提出的一份政策性建议，但《光明日报》未经他们同意，便全文刊登出来了，结果成为"反右"斗争的活靶子，被定性成"反党反社会主义的科学纲领"。最后，中国科学院的华罗庚、童第周得到张劲夫的保护，幸免于难，而不属于中国科学院的钱伟长、曾昭抡则成了"右派"。张劲夫本来也想向钱伟长施以援手，他找到清华大学领导，希望不要把钱伟长划为"右派"，理由是钱伟长身兼中科院力学研究所副所长，但是没能成功。1978年以后，张劲夫终于有机会请钱伟长来安徽大学当校长，不过最后也未能如愿。

上海工业大学的领导是以《应用数学和力学》编辑部上海办事处为桥梁，开始与钱伟长接触的，时间是在1978年年底。因为当时钱伟长身份特殊，所以学校从一开始就向上海市委、市政府领导作了汇报，并得到首肯。经过近4年的努力，1982年9月15日，上海工业大学终于盼来了中央组织部的文件，"中央同意钱伟长同志任上海工业大学校长"。

这时，上海交通大学也在与上海工业大学"明争暗抢"。上海交大党委书记邓旭初听说钱伟长要离开清华大学，马上登门看望钱伟长，表达了希望他到上海交通大学当副校长的愿望，"因为上海交通大学也是正向清华大学看齐"。钱伟长也同意去上海交通大学。

但是，上海工业大学似乎决心更大、工作更有力度。1981年10月下旬，上海市委书记处书记夏征农在上海工业大学召开的教职工和学生座谈会上表示，市委要尽快解决学校长期悬而未决的校长问题。座谈会后，夏征农对上海工业大学领导说："市委几位书记交换意见后，同意让钱伟长教授来工业大学担任校长，也向胡乔木同志作了汇报，乔木同志认为是可行的。"上海工业大学领导觉得3年来学校花费很大精力争取的这件事就要实现了，人人喜笑颜开。

1981年11月，上海工业大学党委正式向上海市教卫办及上海市委呈送报告，恳请上级任命钱伟长教授为上海工业大学校长。报告中说："我们自1978年年底开始和他（钱伟长）接触，试探性地提出他能否来我校工作，他的反应是积极的。几年来，他多次应邀来我校作报告，并经我们请示领导同意，将他任主编的在重庆出版的《应用数学和力学》杂志办事处设在我校，他平时来上海，多由我校接待。"报告最后请求："我们认为任命钱伟长教授为我校校长的时机已经成熟,请市委早日批准,并派人赴京联系(如果需要,我校也可派一领导同志参加,以便协助工作,加快进程)。"其情也深,其意也切!

在这份报告发出前,钱伟长正在桂林讲学与考察,上海工业大学的领导为了"做通"他的工作,特地派校党委副书记专程到桂林邀请他来上海。到了上海,钱伟长一下火车,就看见上海工业大学和上海交通大学的党委书记都率人来接站了,一番寒暄之后,他登上了上海工业大学的车。

此后一个月发生的事情,表明上海工业大学和上海交通大学"争夺"钱伟长已趋白热化。1981年12月1日,也就是上海工业大学的第一份报告发出不到一个月,上海市教卫办两位处长来到上海工业大学,商谈钱伟长来上海工作的新的倾向性方案,即让钱伟长到上海交通大学任副校长,从上海交通大学调一位教授到上海工业大学担任校长,并解释了这样做的理由。对此,上海工业大学党委反应非常强烈,马上又向上海市教卫办党组及市委呈送了《关于请示任命钱伟长教授为我校校长的第二次报告》。这份报告字里行间都让人感受到上海工业大学的领导对学校的管理建设是何等着急。报告中列出三条理由:一是上海工业大学急需市领导继续大力扶植,才能肩负起上海工业赋予学校的重大任务,而任命长期空缺的校长尤为当务之急。二是钱伟长教授来任校长,既有利于学校的成长和发展,又能全面发挥钱先生的作用。三是钱先生的任职问题,过去做的工作和走的步子已经很多,现在不应改变。报告中特别提到,上海工业大学从1978年年底就与钱伟长接触联系,并向市有关领导作了汇报,取得了赞同和支持。从时间上来说,上海工业大学在前,那时钱伟长只是摘了"帽子",尚未"改正",在其困境中给予了信任和支持。

最终,钱伟长选择了上海工业大学。其中的原因恐怕是多方面的。而按照上海工业大学老领导的说法,有一点对钱伟长的触动很大,那就是当他从桂林到上海,与上海工业大学领导见面时,校党委书记张华说:"钱教授,我们请你来当校长,让你来大展办学才能。过去由于错误的政策,你一直受打击,现在我们请你来大展才能。"

"聘钱之争"终于见了分晓。1983年1月13日,清华大学党委做出了《关于钱伟长同志右派问题的改正决定》,比中共中央1980年6月11日在《批转中共中央统战部〈关于爱国人士中的右派复查问题的请示报告〉的通知》中对钱伟长等人做出的改正决定晚了差不多两年半的时间。

钱伟长的这次任命可谓一波三折,最后拍板的是时任全国政协主席邓小平。当教育部和统战部关于钱伟长的意见相左时,中央组织部将此事报告给了邓小平。任命的障碍主要是两方面:一是政治上的,即认为钱伟长的"右派"问题不能改,"他有野心,想在清华搞一套自己的治校方略"。二是年龄上的,任命干部有年龄要求,一般60

岁以上就不能再任命为大学校长，而钱伟长当时已经70岁了。邓小平复出后，推翻"两个凡是"（凡是毛主席作出的决策，我们都坚决维护；凡是毛主席的指示，我们都始终不渝地遵循）并引发全党范围内关于真理标准问题的大讨论，因此他对重用钱伟长是赞成的。

据钱伟长和有关人员回忆，中央组织部的任命通知上有邓小平的批示，上面写着："予中央组织部调遣为上海工业大学校长。"下面还加了一句话："这个任命，不受年龄限制。"这就一举扫除了钱伟长任职的两大障碍。

得知邓小平的批示后，钱伟长的脑海里只想到一句话，那就是"士为知己者死"。

2. 为科学甘做"人梯"

1983年元旦过后，钱伟长即将离京赴任上海工业大学校长，邓小平的秘书直接找到钱伟长，对他说："钱老您这些年辛苦了，希望您安心工作，更好地宣传中央的政策。"接着，他对钱伟长介绍了香港工商界爱国人士王宽诚的事。原来，有一次王宽诚对邓小平说他想捐1亿美元，组建一个教育基金会，支持国家的教育事业，培养科技人才。具体地讲，就是选100名留学生，由该基金会资助他们到美国去学习，但他又不愿意把这件事交给某个部门去做,担心出现"走后门"现象,无法保证物尽其用,希望能够做到"三公"——公开、公正、公平。邓小平当场推荐了一个人,说"他可以帮助你,可能办得成",于是就派秘书来找钱伟长,事先和钱伟长打招呼:"王宽诚会来找您,王先生的想法没有错,他需要您的帮助,我们要促成这件事。"

王宽诚是浙江宁波人,早年在宁波经营国内口岸贸易、金融及轻工业。1947年,他迁居香港,创立了维大洋行(香港)有限公司,随后又创立幸福企业有限公司及数十家有限公司。历任香港中华总商会副会长、会长,中华全国工商业工作联合会常务委员,香港特别行政区基本法咨询委员会执行委员会副主任,暨南大学副董事长,中国国际信托投资公司董事,第四、五届全国人民代表大会代表,中国人民政治协商会议第二、三、四届全国委员会委员,第六届全国委员会常务委员。

王宽诚不仅是个成功的实业家,还是个富有爱国心的人。1950年抗美援朝时期,他捐献了一架飞机,并通过各种方式发动香港各界人士响应祖国号召;他还出售个人在香港的房地产,集资500余万港元,购买物资,支援抗美援朝。

粉碎"四人帮"后,王宽诚把目光投向内地的教育事业,向邓小平表达了自己出资设立教育基金会的愿望。邓小平非常赞赏王宽诚的这一行动,建议他到上海找钱伟长商量。因为钱伟长在 20 世纪 50 年代初期曾负责过留学生工作,有这方面的经验。

大约过了半年,王宽诚来上海找到钱伟长,讨论基金会资助留学生事宜。钱伟长事先接受了邓小平的嘱托,已经有了成熟的想法。他说:"按照你的'三公'原则,干这个事我们就公开干,要公平地严格挑选;并且提出资助的学生应该是去攻读硕士和博士学位。"但这样一来,王宽诚提供的资金就只够资助 50 个人。钱伟长还说,派出去要有目的,国家需要什么就去学什么,学完要回来;要通过考试来选拔,所以应该成立考选委员会。

首先是确定谁来主考。钱伟长建议先请在中国学术界有重大影响的著名人物成立考选委员会,并提出了一个 13 人名单,其中李政道、林家翘、陈省身、田长霖 4 人是在美国大学任教的著名华人学者,另外还有经济专家陈岱孙、时任北京大学校长张龙翔、时任中国科技大学副校长钱临照、中国科学院院长卢嘉锡、植物生理学家汤佩松、社会学家费孝通、时任香港大学校长黄丽松、时任香港中文大学校长马临、时任澳门东亚大学校长薛寿生,加上王宽诚和钱伟长,一共 15 人。

其次是确定怎么考、考什么。考选委员会成立后,第一次确定了 50 个学科,文、法、理均有。每个学生考四门课,其中一门是英语,其他三门是与专业密切相关的科目。考试公开进行,但只明确了考试科目,没有划定范围,更没有指定参考书,这样更便于考测考生对本课程的理解。为公正起见,钱伟长在全国找了400多位专家来出题,详细交代了出题的注意事项,并确定谁出题谁评卷。

考选委员会在全国设立了八个考场,分别设在北京、上海、武汉、西安、广州、成都、长春和香港。报名条件十分宽松,只要是大学毕业,年龄在35岁以下,都可以报名。比较特别的是,学生报考取消了政审,考取后再由其所在单位进行政审。

一切准备就绪后,考选委员会在《人民日报》《光明日报》等全国性大报上刊登了招考启事,公布了考试的学科、课程、时间、报名办法等。这次考试报名时间持续了一年之久,报考人数有2100多人。

另外,钱伟长还请来清华大学教务处两位经验丰富的退休人员处理具体的考试事务。他们轻车熟路,从考卷保密到报名工作,做得有条不紊。

考试结束后,钱伟长与王宽诚商定录取标准,报考人英语必须及格,其他三门课的成绩总分必须达到240分以上。即使考试合格者达不到50人,也不降低录取标准,坚决做到宁缺毋滥。后来,很多考生因为英语不及格而被淘汰,最后只录取了40多人。

录取工作极为成功,王宽诚甚是满意。1985年,他出资1亿美元,成立了王宽诚教育基金会,专门用于为国家培养人才。

1986年，考选委员会进行了第二批留学生选拔。这次考试取消了英语这一科，而将所有科目的考题全改为英语叙述，这样相当于也考查了考生的英语。第二批同样确定录取50人，实际录取了38人。

之后，王宽诚教育基金会把资金分成三部分，一部分仍由钱伟长主持，一部分由中国科学院负责，还有一部分由教育部负责。

截至2003年12月31日，王宽诚教育基金会累计资助攻读博士学位280人，资助博士后研究1463人，资助出国访问与应邀来华学者588人，举办大型国际会议507次，资助参加国际学术会议1106人。另外，他所设的"王宽诚育才奖"共奖励了1634人。中国科学院前院长路甬祥院士曾说："王宽诚教育基金会资助的各类项目效益显著，有力地促进了中国的人才培养和科技事业的发展。"

和王宽诚一样，钱伟长对年轻人的扶持和帮助总是不遗余力。1979年1月，上海徐汇中学年轻的物理老师傅信镛自费来到北京，带来了物理学上一个关于"麦克斯韦妖"的百年难题。

早在1962年上大二时，傅信镛便通过学习热力学和统计物理，对"麦克斯韦妖"产生兴趣。在此后10年中，他进行了几十次艰难曲折的尝试，终于在1973年找到一个较为理想的实验方法。为了实施自己的实验方案，他节衣缩食，四处奔走，多方求教。然而，5年过去了，他连一根实验用的电子管也没有做成。万般无奈之下,他决定到北京寻求物理学界前辈的帮助。临行前,家人和朋友都极力劝阻,担心他到北京后一无所获反而惹人笑话。对他来说,笑话不笑话倒无所谓,问题是会不会有所获,这才是他担心的。

1979年2月3日,傅信镛来到清华大学,找到了素昧平生的钱伟长。见面后,不待傅信镛详细介绍,钱伟长便止住了他:"你先不要说,我要先看看你的论文。"看完论文,钱伟长激动地敲着桌子说:"好文章,这样的文章才叫好文章!"然后又兴致勃勃地听这位年轻人介绍,并详细询问了许多实验细节,最后钱伟长满腔热情地鼓励他:"如果能够捉住'麦克斯韦妖',那将是对物理学的一个了不起的贡献。你的想法很新颖,也很巧妙,而且不是没有根据的,值得一试。"

傅信镛带着钱伟长的支持和鼓励,怀着激越的心情离开了北京。32天后,钱伟长收到了《百科知识》寄来的傅信镛的一篇论文和编辑部请求审稿的信件。他仔细审读了论文,在复信中说:"傅信镛同志的文章提出了一种设想,从理论上看,这种设想是完全允许的。它比麦克斯韦设想更具有现实意义,但终究还只是科学上允许的设想。至于这种设想是不是能够成为现实,往往是个技术问题。……以我的知识而言,还看不出这个设想有什么致命的毛病。我认为麦克斯韦在1871年能放出一个妖怪来,我们完全应该允许傅信镛同志提出一个设想,绝不应该因为它今天还没能成为现实而封闭这种思想的公之于众。我同意你们考虑在《百科知识》杂志上发表这篇论文。"

上海交通大学物理系教授方俊鑫和复旦大学物理系教授华中一读了钱伟长的回信后,十分高兴。华中一对这项工作进行了具体指导,方俊鑫则极力推荐将傅信镛调到上海交通大学,并为他争取了一笔经费,让他协同上海电子管厂开展实验工作。

5月13日,两根实验电子管顺利制成。第二天,初步实验获得成功。傅信镛怀着极度兴奋的心情,立即给钱伟长拍去电报:"蒙老师慷慨相助,麦克斯韦设想实验于今天10点30分初试成功。"

一周以后,钱伟长到上海讲学。傅信镛和上海电子管厂的两位技术员立即到华山饭店拜访他。钱伟长向他们表示祝贺以后,又详细了解了实验情况,并建议他们将论文和实验报告发表出来。6月初,在钱伟长的督促和支持下,傅信镛的论文发表在了《上海交通大学学报》上,此时恰巧是麦克斯韦逝世100周年。1982年,美国《能量利用和转换》(*Energy Convers Mgmt*)杂志第22卷第1期全文刊登了傅信镛论文的英译稿。

从上海回到北京后,钱伟长收到了傅信镛写来的热情洋溢的感谢信。信中说道:"您这次上海之行,又以您的神力把我的事业向前推进了一大步……关于您,我想得颇多。我觉得您像一头雄狮，有一对无与伦比的慧眼，有一颗赤诚的心，不知畏惧为何物。我因此有一个心愿：如果哪一天我能到麦克斯韦的故国去，一定要带一尊有艺术性的铜狮子回来送您。"

类似的信件，钱伟长已经收到过许多。这位热心的科学家总是把扶持青年人看作自己的义务。那时，他几乎每天都会收到从全国各地寄来的论文和信件，有的是学术刊物请他帮忙审稿；有的是学校或科研单位为确定教师或科技人员的职称，请他发表意见；还有许多像傅信镛一样的中青年科学工作者，希望他对自己的工作给予支持和指导。对于这些论文或信件，钱伟长总是认真阅读，耐心地给予解答。

通过这些来信和来访，钱伟长发现，很多研究力学和数学的年轻人能写出不少很有见地的文章，但经常得不到发表。为此，他决定做点什么。经多方联系，终于在重庆交通学院和中共四川省委的支持下，由他主编《应用数学和力学》，并由活跃在教学和科研第一线的一批专家学者组成编辑委员会。

为鼓励百家争鸣，支持新生力学科研人才的成长，钱伟长大胆放弃了其他书刊采用的专家审稿的传统制度，改为由编辑委员推荐的方法。《应用数学和力学》的出版很快引起了国内外学者的注目，也吸引了一大批中青年科学工作者投稿。其中发表的两篇由年轻人撰写的论文，曾被第十五届国际力学会议选中。

看到年轻人如此奋发向上、刻苦钻研,钱伟长感到无限欣慰。他说:"我是接近70岁的人了,是我未来的5年重要,还是青年人未来的50年重要呢?我看最重要的还是培养新一代的人才。我愿在这方面多贡献一点力量,甘愿做青年人攀登科学高峰的'人梯'。"

3. 拆除上海工大的"四堵墙"

1982年10月15日,钱伟长正在无锡举行"变分法与有限元"的公开讲座,突然接到清华大学党委组织部的电话通知——中央任命他为上海工业大学校长。

上海工业大学的前身是成立于1960年的上海工学院,1979年更名为上海工业大学,是上海市属重点大学。

接此通知,钱伟长心情既激动又无限感慨。他已经70岁了,而且"右派"问题还没有得到"改正",他没有工夫去考虑这些,被耽误的时间太多了,他一心只想利用自己有限的时间多为国家的教育、科研事业发一分光。

1983年1月19日,钱伟长到任上海工业大学校长。

1983年2月7日,《人民日报》刊登了一篇署名为"吕光光"的文章《送钱伟长教授履新》。文章说:

第七章 教育理想的实践

清华大学照澜园的一座院落,钱伟长教授卜居这里30余年。最近,他带着一卷铺盖、一囊书稿,赴上海就任工业大学校长。对这位日夜关怀祖国"四化"的革新者,是用不着以世俗之词给他壮行色的。年前来自成都的一位老同志谈到,绵阳地区的农民都在认真学习钱伟长教授有关科学种田的学术报告。钱教授走到哪里,就会为当地的"四化"建设献策,这我是知道的。至于他的声音竟然远播于穷乡僻壤,我却未曾想到。这样一来,我按捺不住激动的心情,要用"松柏之姿,老而弥坚"一词,为之送行。

…………

他曾经被诬陷为"反党反社会主义"的"六教授"之一,连落实政策的喜讯也对他姗姗来迟。由此可见,他并没有万事俱备的工作条件,并没有万事顺遂的社会关系,不过一介书生,只凭"亦余心之所善兮,虽九死其犹未悔",他毅然以自己的全部思虑、全副精力,专注于祖国的社会主义事业,即便坐在冷板凳上,都干得出热气蒸腾的成果来。从他身上可以看出:我国知识分子的爱国心和事业心,是任何恶势力所不能抹杀、动摇、收买、摧毁的。

……他衷心希望浩浩荡荡的科学大军,同心同德,群策群力,把祖国社会主义物质文明和精神文明的丰碑树起来。

…………

上海工业大学当时被称为"四等学校",各方面条件都不理想,存在不少问题。钱伟长到任后,详细了解了学校的情况,在一次会上他感慨地说:"这哪里是一所大学,充其量就是一所专科学校。"为了不让大家泄气,他又补充了一句:"当然,这样的大学在我国也还有不少。"

为了提高上海工业大学的办学水平及为上海经济社会发展提供服务的能力,钱伟长首先向广大干部、教师提出了八个"怎么办"的思考:"怎样在党的教育方针指导下,直接为改革开放中的上海市的经济建设服务?""怎样开拓办学路子?""怎样进一步加强教育与生产的联系?""怎样消除学校和社会的隔阂?""怎样提高实践能力?""怎样提高学生德智体美的全面素质?""怎样提高每一位教师的业务水平和教学水平,使学生素质有更快的提高?"等等。

这八个方面的问题,几乎涵盖了我国高等教育现代化进程中需要回答的全部问题,包括如何把握大学的办学方向、如何深化教育体制改革等重大问题。

钱伟长强调,学校的各项改革必须有利于提高教学质量和科研水平,多出人才,出好人才,多出成果,因此最主要的是要抛开陈旧的教育思想,树立社会主义新的教育思想,破除阻碍我们进步的旧的条条框框的教学模式,走中国式的社会主义高等教育的道路。因此,他提出了大学要"拆四堵墙"的著名论述。

第一堵墙是学校与社会之间的墙,也就是学校必须适应社会的变化,密切与社会的联系,为社会服务,学校教的知识要紧跟经济和科学技术的高速发展,真正教授国家建设需要的知识。

第二堵墙是校内各学科、各部门之间的墙。现代科学技术发展的一个突出特点就是跨学科,学科壁垒、部门所有制严重影响科学技术综合化发展的趋势。

第三堵墙是教学和科研之间的墙,也就是要提倡教学与科研相结合,教师既要教学,又要搞科研。

第四堵墙是教与学之间的墙。当今世界科学技术和文化学术飞速发展,人们原有的知识很快就会老化过时,那种认为学生只有通过老师"教"才能"学"的传统教育思想,已不能满足当前高等教育的需要,必须逐步加以改进。"教"与"学"本来是一对矛盾,"教"虽然有指导作用,但毕竟是外部作用力,"学"才是内在动力,学生只有通过主动学习,才能把所学的知识变为自己的知识。高校应该把学生培养成有自学能力的人,在工作中能不断吸取新知识、随时解决新困难的人。

钱伟长关于办大学要"拆四堵墙"的思想,是他几十年从事科学教育实践与理论创新的结晶。他在全国各地做了很多次关于"怎样学""怎样教""教与学""教学与科研""教育怎样为地方经济社会发展服务"的报告,都一脉相承地反映了他的这种教育思想。上海工业大学及后来的上海大学的教育教学改革和实践都是围绕这一思想展开的。

第一项改革针对学校专业课程的设置。钱伟长认为,学校教学必须适应社会的变化,为社会服务,并且要和社会结合起来办教育。教育是否成功,关键是看毕业生是否受社会欢迎,学到的知识是否有用。

为了适应社会发展的新趋势,在钱伟长的领导下,上海工业大学对传统的专业课程逐步进行压缩和精减,甚至淘汰,增设了机械自动化和机器人、精细化工、应用数学和力学、通信工程、工业外贸、经济管理等专业;另外还建设发展了一批培养研究生的学科和专业,成立了上海市应用数学和力学、机器人、精细化工、材料科学、预测和咨询等研究所。除了接受工业部门、上海市政府各局和各区县、江苏省企业的生产科研课题外,上海工业大学还和它们一起成立了各种"联合体",以加强教学、科研、生产和贸易之间的联系。

为了打破各学科之间的界限,加强基础知识和基础技能的学习与训练,上海工业大学规定,学生入学后,前两年不分专业,一起学习基础课,第三年再分专业。博大才能精深,这样的安排对学生日后的发展极为有利。钱伟长认为,学校不应该把专业划分过细,而应当多学基础学科,只有打好基础,才有能力随时改行,去做社会需要的工作。

钱伟长对科学技术的发展有着极高的敏感性和前瞻性。

1984年，他预感到信息化时代即将来临，建议大学文、法、理、工、农、医都要学计算机。于是，上海工业大学又设立了计算机中心和多个计算机工作站，为学生提供上机实践的机会。

同时，钱伟长还极力为学生创造良好的条件学习外语。比如，他曾为学生争取香港爱国人士、香港星光传呼（集团）有限公司董事长黄金富的资助，在校内设立"星光电台"，每天播放六个半小时的英语节目。给学生每人配一副耳机，让他们可以在早晨、中午、下午、晚上规定的时间内收听节目，训练英语听力。他要求青年教师都要掌握外语和计算机操作技术，认为这是培养全面发展的大学生必不可少的基本功。

第二项改革是实行短学期制。每个学年分为三个短学期和一个暑期。每一短学期为10周讲课，2周考试，半周休息，暑期为13周。这在全国也是首创。对教师来说，学期短可以督促他们精简教材内容，提高教学质量；延长暑期则使他们有充分的时间备课和进行科学研究。对学生而言，短学期制的考试很像老学制的期中考试，易于准备，成绩也容易提高。而漫长的暑假，学生可以用来自学补习或进行社会调查、工厂实践。

为了培养学生的学习能力，钱伟长还在上海工业大学实行学分制。学生可以选课计学分，只要取得一定的学分就可以提前毕业。考试不及格的可以补考，补考不及格的必修课要重修。

1994年，上海工业大学、上海科技大学、上海大学、上海科技高等专科学校合并，成立了新的上海大学，钱伟长仍担任校长。同年，从1994级新生开始，上海大学实行过去在上海工业大学已推行的学分制、选课制、三学期制。次年，这一教学改革在全校各年级实行。随后，这些制度在多所大学逐步推广。经历了重大改革的上海大学，一跃成为"华东地区规模最大、学科齐全、特色鲜明的综合性大学"。对此，时任国务院副总理李岚清给予了充分肯定："上海大学搞这个是对的。"

第三项改革集中在教师队伍培养方面。曾经师从多名国际著名教授的钱伟长，很清楚一位好教师对于学生的重要性；曾经做了38年清华大学教授的钱伟长，同样清楚一名优秀的教师需要具备哪些条件。

他认为地方大学与国内外著名大学相比，差距主要体现在教师队伍的整体水平上，学校要"上台阶，不少学科踏上边了，可办学总体水平没有踏上边，总体要踏上边，关键就是抓好教师队伍建设"。

当时有的教师一上课就抱着书往黑板上抄，台下的学生跟着抄。钱伟长对这种教学方法十分不满。在他看来，学校的最大任务就是培养学生的自学能力。没有学习能力的学生不可能很好地适应社会的发展。如果培养出的学生不能自学，那么学校教育就是失败的。为此，他遵循当年清华大学的传统，主张教师在课堂上只讲课程的精华部分，提纲挈领地说明核心，引导学生课下阅读参考书自学。

钱伟长说："学习是一辈子的事情。在学校里固然是学习，工作以后同样要学习。一个人在工作中学到的知识大大超过在学校里学到的东西。"因此，他规定，如果遇到照本宣科的老师，学生可以缺课。

抓好教师队伍建设，重点是推进教师聘任制改革，首先要打破"大锅饭"，砸烂"铁交椅"。对于一些完全没有能力或者不愿配合改进的教师，钱伟长果断地淘汰，这样的教师占了总数的三分之一左右。

上海工大从1986年开始，实行定岗、定编和专业技术职务聘任制改革；从1988年开始，作为上海市高校试点单位，实行校系两级任务、工资总额包干改革；从1990年开始，作为上海市事业单位用工制度改革试点单位，对新进专业技术人员实行聘用合同制；1992年作为上海市地方高校综合改革试点单位，实行全员聘用合同制。1994年以后，上海大学继续深化人事制度与分配制度改革，重点还是教师专业技术职务聘任制改革，主要方面是对高级职称的教师实行岗位职务聘任制。2001年6月，上海大学出台《上海大学教师职务聘任条例》，取消教师、科研、工程技术、实验技术、图书资料五个系列专业技术职称的评审，实行按岗位责任和任职条件严格考核后的职务岗位分级聘任。3年一聘，聘期结束后根据岗位需要和考核结果重新聘任。这意味着教授职称终身制在上海大学被打破了。

上海大学一手抓教师职务聘任制改革,一手抓人才引进,尤其是优秀拔尖人才的引进,聘请了大量优秀人才来补充师资力量,还邀请许多国外学者和教授来学校访问讲学,并聘请他们为名誉教授。

搞了聘任制,如何衡量教师能力的问题也随之而来。钱伟长反对简单地以教学工作量来衡量以及作为定岗、定编的依据,因为"你不上课,就不是老师;你不搞科研,就不是好老师。教学是必要的要求,不是充分的要求,充分的要求是科研。科研反映你对本学科清楚不清楚。教学没有科研作为底子,就是一种没有观点的教育,没有灵魂的教育"。他在20世纪50年代就反对全盘照搬苏联的高等教育模式,反对理工分家,反对教学和科研分离。他在《新清华》周报上发表文章,鼓励青年教师既要搞教学,也要搞科研,并且主要通过科研提高自身的学术水平。在"反右"运动中,他的这些观点被荒唐地批判为"反对苏联""误导青年人走成名成家的道路"。但事实证明,钱伟长的这一观点是符合人才培养实际情况的。

钱伟长坚持认为,高等学校必须是教育、科研"两个中心一支队伍",而不是"两个中心两支队伍",更不是"一个中心"。他说,一个教师在大学能否教好书,与他搞不搞科研有很大关系。教师讲课要有自己的见解,不能都照书讲,讲完书就算完成任务。教师对教学内容要理解,这要建立在深厚的基础上。基础课教师也要搞科研,搞科研可以帮助教师扩大眼界,使他们晓得一项科学技术的来龙去脉,晓得当代这个专业在发展中存在的问题。这对于教师提高自身水平,教好课程,指导学生学习,都非常重要。因为搞科研的人对基础课中的一些基本概念的认识,要比一般不做科研工作的人深刻。

在上海工业大学和后来的上海大学,钱伟长不厌其烦地宣传教师的任务和要求,热切地鼓励他们进行科研,在科研实践中深入了解学科的发展趋势。他对教师的要求是"三个一",即每个教师要讲一门主课,有一个科研课题,联系一个工厂并在厂里做兼职义工。他认为,教师能力的提高主要靠做研究,边研究边学习,边学边干。

为了鼓励教师做科研,钱伟长还实行物质激励机制。教师科研成果的收入所得,学校分四分之一,教师分得四分之三。在精神与物质的双重激励下,教师们搞科研的积极性被调动起来了。

如今的上海大学,已经发展成为一个师资力量雄厚、科研水平先进的知名院校,而这正得益于钱伟长当年多项锐意而长远的改革。

4. 最上心的"义务"校长

钱伟长生前有二三十个头衔，有全国政协副主席、民盟中央名誉主席等政治职务，也担任一般社会团体名誉职务，但是他"最在乎的就是这个校长"，尽管他在上海工业大学不拿工资，也没有自己的房产。自从到了上海工业大学，他就把自己的全部心血投入学校建设中，期盼在这里实现自己的教育理想。在当校长的26年里，他把师生当作自己的亲人，当作自己的儿女，他的家就是上海大学。他以独具魅力的思想、才干和品格创造了后来的上海大学跨越式的发展，经过不长的时间，让一所建校历史不长、办学基础薄弱、校区分散的地方大学，成为拥有现代化校园、整体实力跻身国内先进行列、综合性的"双一流"大学。

可以说，钱伟长对学校的爱是全身心、全方位的。

在他这个校长心中，学生的分量最重。他总想着，首先要把上海大学的每一个学生都塑造成"一个全面的人，是一个爱国者，一个辩证唯物主义者，一个有文化艺术修养、道德品质高尚、心灵美好的人；其次才是一个拥有学科、专业知识的人，一个未来的工程师、专家"。为此，他亲自绘制新校区规划图，要给学生盖最舒适、最方便的校舍；他要为学生制定最自由的学习制度；他要求教师为了每一个学生的终身发展、激发每一个学生的创造潜能，必须教学、科研双肩挑，必须教会学生自学。可以说，他的喜怒哀乐，都系于学生的每一步成长。

学校有两个大会，钱伟长一直坚持参加，一个是新生开学典礼，一个是毕业典礼。他还要求所有学校领导都出席，"因为是学生人生的大事"。每次毕业典礼，他都亲自把一份份毕业证书递到学生手里。学校规模大，毕业生多，这样做对年逾七旬的钱伟长而言很累，但他在整个过程中总是很兴奋，脸上始终洋溢着满足而惬意的笑容。他每发一份毕业证书，就要和学生握一次手。有时他会跟边上的人说，这个学生手心出汗，手冰凉，这是因为身体虚弱，缺少锻炼。

学校每年都要拍毕业照，天气晴朗时就在大草坪，下雨则改在体育馆。钱伟长只要在学校，就会和毕业生们合影。有一次拍毕业照，在大草坪集合队伍时天气尚好，等学生们全部站好，只等学校领导到场就可以拍了，不料领导还未到场，天却下起骤雨。负责拍摄工作的是个新任命的学校宣传部部长，他想，雨不大，那么多人排好队也不容易，队伍先不解散，等一等或许雨就停了。这时，钱伟长从楼里出来，看到学生们正站在雨中等他合影，顿时发起火来，厉声说道："谁让学生们站在雨中的？是谁？我要撤他的职！"那个年轻的宣传部部长闻言色变，赶紧把队伍安排到体育馆去拍摄。

新的上海大学组建后,钱伟长一开口就向上海市政府要3000亩地来建新校区,着实让人吃惊。在此之前,上海的高校有十几所,在上海市外环线以内,还没有一家校园是过千亩的,就连上海大学11个校区加在一起也不到1400亩。而当时上海作为中国产业规模最大、经济增长最快的地区之一,土地是最稀缺的资源,要想在外环线以内找一块3000亩的"空地"是很难的,何况那时上海大学办学水平还不算高。但钱伟长一心要为上海大学的发展创造有利条件,脑海里一直琢磨着要描绘一幅上海大学的新蓝图。

对于钱伟长的要求,上海市领导十分重视,市长徐匡迪也认可他的"3000亩"蓝图,但由于多方面原因,只能先考虑1500亩。1997年6月4日,时任上海市委书记黄菊亲自来到上海大学,最后敲定了新校区"立项、开工"。当天晚上,钱伟长异常兴奋,连夜绘制了一张新校区规划草图。第二天,他召集校长、书记联席会议,展示了他的草图,并做出详细解释。看着这张画得清楚到位的草图,听着钱伟长略显急促的话语,与会者无不被他的这份执着、这份热情、这份缜密的思考感动。一位85岁的老人是怎样用一个夜晚描绘出这样一幅蓝图!想必这幅图早已在他心中打磨了无数遍,这是他用心血绘制的教育理想!

钱伟长还亲自动手书写了对上海大学新校区总体规划方案的意见及对新校区环境建设的一些设想。从校园道路、

第七章 教育理想的实践

学生宿舍、图书馆、体育场地、食堂,到电缆、给水、排水、网络共用地下管道,建筑之间的距离,以及实验区的设置、各学院的建筑、总办公楼,甚至国旗旗杆的位置,种什么树,各学院前的屈原、莎士比亚、爱因斯坦、张衡等人的塑像,等等,都一一列出,还附有五幅图,大到楼群布局,小到走廊多宽、厕所多少个,都提出了具体意见。几乎每一条意见都经过他仔细的推敲与计算,字里行间无不显示出他对新校区的无限憧憬和对学生的人文关怀。

1997年12月26日,上海大学新校区工程举行奠基仪式。1999年8月,新校区一期工程基本竣工。2000年8月,新校区二期工程基本完成。1999年11月,时任中共中央政治局常委、国务院副总理李岚清来上海大学新校区视察,一下车他就连呼:"气势恢宏,气势恢宏啊!"视察结束临走前,他和学校领导、教师合影后,又转过身去对大家说:"我们要感谢钱校长为学校做的贡献!"

在学校里,钱伟长最爱去两个地方,一个是图书馆,一个是泮池。

钱伟长一向重视办好图书馆,主张教师和学生要多利用图书馆,养成自由研究、自由学习的习惯。他说,"一个好的图书馆就是一所大学"。2000年落成的新校区图书馆建筑面积达3.92万平方米,外观雄伟壮丽,内部设施先进,是当时国内高校中单体建筑面积最大的图书馆。

钱伟长刚到上海工业大学那几年,每次到图书馆都要去翻看阅览室进馆人员登记册，数一数每天进馆看书的人有多少，有多少教师，有多少学生。关于图书馆，还有两件事在学校领导、教师中反响很大。一件是钱伟长凭一己之力，为学校图书馆一下子争取到近3000种外文原版科技期刊，涵盖的学科非常广泛，学校图书馆一时成为国内高校拥有外文期刊最多的大学图书馆。另一件却是让钱伟长恼火的事情。有一次，图书馆整理书库，清理出一批旧的、很久没有人借阅的俄文版专业书籍，折价卖给了学校的老师。钱伟长和一位教师谈话时知道了这件事，恰巧这位教师买的这本旧书是力学方面的专业书，钱伟长说这是力学的"经典著作"，图书馆怎么可以随意处置，应该收藏才是，他批评图书馆馆长"不懂科学"，还敦促学校党委把馆长换成更合适的人。

新校区有个人工湖，叫"泮池"，水面有80亩，是钱伟长的"杰作"。泮池原是古代学校前的水池，清代时将读书人考取秀才称作"入泮"。为鼓励学生上进，他在为学校画的新校区规划草图上就有一个面积很大的湖，起名"泮池"。泮池建好后，费孝通为此佳景题字"泮池观鱼"。在钱伟长生命中最后的两三年，人们已很少看见他出现在学校的公共场合，但是在天气舒适晴朗的日子，仍能看到他出现在泮池边，戴着那顶师生们都很熟悉的浅色软檐帽，穿着那件不变的枣红色夹克衫，端坐在轮椅上，凝视着湖面，沉醉在遐想中。

钱伟长实在是太看重自己身为校长的责任了。随着年龄的增长，他住院的次数和天数也多了起来，每次住院时间一长，他就"吵"着要回学校。在最后一段日子里，他的身体状况已经不允许他再回学校处理事务了。有一次上海市领导去医院看望他，他像小朋友一样"告状"说，学校的那些领导把他"关"在医院，不让他管学校里的事情。市领导深知钱伟长心系学校，只得好言宽慰。20余年的高校管理，他的教育理念、举措纷纷落地实施，而他已经把自己完全融进了上海大学，上海大学就像他精心呵护的孩子一样，他面面俱到的抚慰使学校蓬勃发展，而多年的相伴也使他再也离不开这里了！

5. 办一流综合性大学的夙愿

要在我国办一所像美国加州理工学院那样的大学，是钱伟长办教育的夙愿。他在1957年"反右"运动的第六次检讨中承认，他的"野心"就是想在中国办一个像加州理工学院那样的学校。其实，这个"野心"早在他心里生根发芽了。在美国时，他和钱学森、郭永怀等人曾多次探讨回国后怎样为祖国效力，他们希望回去办一所比美国加州理工学院还要好的大学，让美国人慕名到中国来留学。

当钱伟长提出要把上海大学办成像加州理工学院那样

的学校时，不少学校领导、教师觉得不可思议，因为他们的目光总是停留在"加州理工学院有那么大的投入，有那么现代化的实验室，有那么强大的师资，还有那么长的历史"上，而忽略了加州理工学院的科学创新精神，忽略了加州理工学院一贯倡导的学术思想和治学观念。

众所周知，中国教育界有个很著名的"钱学森之问"，即2005年，时任总理温家宝看望钱学森时，钱学森感慨发问："为什么我们的学校总是培养不出杰出人才？"对于这个问题，其实钱学森本人已经给出一个很明白的答案，只是在他生前一直没有公开发表，那就是中国的大学要向加州理工学院学习。钱学森在2005年3月29日的一次谈话中说：

我是在上个世纪（20世纪）30年代去美国的，开始在麻省理工学院学习。麻省理工学院在当时也算是鼎鼎大名了，但我觉得没有什么，一年就把硕士学位拿到了，成绩还拔尖。其实这一年并没有学到什么创新的东西，很一般化。后来我转到加州理工学院，一下子就感觉到它和麻省理工学院很不一样，创新的学风弥漫整个校园，可以说，整个学校的一个精神就是创新。在这里，你必须想到别人没有想到的东西，说别人没有说过的话。拔尖的人才很多，我得和他们竞赛，才能跑到前沿。这里的创新还不能是一般的，迈小步可不行，你很快就会被别人超过。你所想的做的，要比别人高出一大截才行。那里的学术氛围非常浓厚，学术讨论会十分活跃，大家互相启发，互相促进。……所以我到加州理工学院，一下子脑子就开了窍，以前从来没有想到的事情，这里全讲到了，讲的内容都是科学发展最前沿的东西，让我大开眼界。

我本来是航空系的研究生，我的老师鼓励我学习各种有用的知识。我到物理系去听课，讲的是物理学的前沿，原子、原子核理论、核技术，连原子弹都提到了。……化学系的课也去听，化学系主任 L. 鲍林讲结构化学，也是化学的前沿。他在结构化学上还获得了诺贝尔化学奖。……加州理工学院就有许多这样的大师、这样的怪人，决不随大流，敢于想别人不敢想的，做别人不敢做的。别人都说好的东西，在他们看来很一般，没什么。没有这种精神，怎么会有创新。

....

加州理工学院给这些学者、教授，也给年轻的学生、研究生提供了充分的学术权利和民主氛围。不同的学派、不同的学术观点都可以充分发表。学生们也可以充分发表自己的不同学术见解，可以向权威挑战。过去我曾讲过我在加州理工学院当研究生时和一些权威辩论的情况，其实这在加州理工学院是很平常的事情。那时，我们这些搞力学的，就是用数学计量来解决工程上的复杂问题，所以人家又管我们叫应用数学家。可是数学系那些搞纯数学的人偏偏瞧不起我们这些搞工程数学的，两个学派常常在一起辩论。有一次，数学系的权威在学校布告栏里贴出了一个海报，说他在什么时间什么地点讲理论数学，欢迎大家去听讲。我的老师冯·卡门一看，也马上贴出一个海报，说在同一时间在什么地方讲工程数学，也欢迎大家去听。结果两个讲座都大受欢迎。这就是加州理工学院的学术风气，民主而又活跃。我们这些年轻人在这里学习真是大受教益、大开眼界。今天我们有哪一所大学能做到这样？大家见面都是客客气气，学术讨论活跃不起来。这怎么能够培养创新人才？更不用说大师级人才了。

  有趣的是，加州理工学院还鼓励那些理工科学生提高艺术素养。我们火箭小组的头头马林纳就是一边研究火箭，一边学习绘画，他后来还成为西方一位抽象派画家。我的老师冯·卡门听说我懂绘画、音乐、摄影这些方面的学问，他很高兴，说你有这些才华很重要，这方面你比我强。……这些艺术上的修养不仅加深了我对艺术作品中那些诗情画意和人生哲理的深刻理解，也让我学会了艺术上大跨度的宏观思维。我认为，这些东西对启迪一个人在科学上的创新是很重要的。科学上的创新光靠严密的逻辑思维不行，创新的思想往往开始于形象思维，从大跨度的联想中得到启迪，然后再用严密的逻辑加以验证。

  …………

  今天我们办学，一定要有加州理工学院的那种科技创新精神,培养会动脑筋、具有非凡创造才能的人才。我回国这么多年,感到中国还没有一所这样的学校……我们国家应该解决这个问题。

钱学森回国后,在中国科学院力学研究所所长任上,移植了他的导师冯·卡门的学术讨论会,也每周举行一次科学文献讨论会。他要求参加讨论的人发言要态度鲜明,因为在加州理工学院的讨论会上,"卡门教授也参加争吵""但不影响人与人的关系"。

钱伟长在上海工业大学以及后来的上海大学,也在努力实践他们共同追求的办学理念。他认为教师的责任是教会学生自学,主要在于培养学生的创新精神,因为一个没有自学能力的人是不会有创造力的。"培养创新精神的人有一条,要自学。创新是有目的的,创造一种新的手段,来解决一个生产发展过程中必须解决的问题,或者解决本行业科学发展的问题"。"我们必须全力推进创新精神的培养,有创新精神的人就是不断学习先进的人,有些人连新的也不学,怎么培养有创新精神的人"?他多次强调,高等学校落实"科教兴国"战略的关键,是培养具有创新精神的学生,使他们带着满脑子的问题进入社会,去学习,去工作,去研究。

钱伟长于1984年在上海工业大学创办了上海市应用数学与力学研究所,创办初期由他亲自主持学术研讨会。他说:"一种新的科学思想往往是在最浓厚的学术氛围中相互讨论、相互启发、突然爆发出来的。这往往是许多新发展、新发现的先导。研讨会就是由一个或几个人谈某一问题的来龙去脉、多种学术观点及其局限,然后谈自己的观点,听的人一道讨论。"他又说:"学术观点不同不是冤家,自由讨论才有进步。"他还特别主张不同学科的人在一起讨论,他说:"教师要搞科研,要扩大知识面,不能搞得太专太窄。教理论力学的不关心材料力学,教无机化学的对有机化学不感兴趣,这是不成的。"

1984年4月7日,上海市应用数学与力学研究所举办了首次研讨会,由钱伟长主讲"弹性力学中的广义变分原理"。在这次研讨会上,钱伟长规定每周四下午应该成为"雷打不动"的研讨会时间,不准排课,不准安排其他会议,作为一种制度固定下来。之后,上海市应用数学与力学研究所举办了700多次研讨会,许多中外知名学者专程到会作主题报告。这是一个充满学术自由魅力的特色品牌,在上海大学得到全校师生的响应。

1996年6月,上海大学新校区正在建设之中,一天,钱伟长召集全校分管艺术教育、体育教育的行政人员和教师,召开会议。会上,他说:"对学生进行艺术和体育方面的培养和教育,是我多年来的心愿。过去没有条件,现在可以这样来培养了。"他强调:"培养学生更多的是在课外,不是在课内,更重要的也是在课外。"

钱伟长很早就主张在中学生中普遍开展文化艺术教育，并一直想在综合性大学中设立美术学院和音乐学院。1990年，在他的力促下，上海工业大学成立了文化艺术指导中心。钱伟长亲自邀请一批艺术界、文化界的名家来校讲学授艺并担任中心的顾问，还特别聘请刚从上海市市长位置上退下来的汪道涵担任中心的名誉顾问。另外，学校还聘请了一些专职艺术教师，为学生开设艺术类课程。

1994年，新的上海大学成立，有了一个高水平的美术学院，这是上海唯一一所多学科综合性高等美术学府。2008年8月，美术学院新院址在上海大学新校区落成，全国11所美术院校包括中央美术学院、中国美术学院的院长和校长都前来祝贺并参加学术讨论会。钱伟长在讲话中说，为什么要坚持在学校里建设一所高水平的、多学科的、综合性美术学院呢？这样做至少有两个好处，一方面是对学校来说，美术学院有两个基本任务，一是培养高级美术专业人才，二是对全校师生进行美术普及工作；另一方面是对美术学院自身而言，可以充分借助综合性大学多学科优势，拓展美术专业的教学和研究领域，提升传统美术专业水平，发展艺术和技术结合的新兴学科、交叉学科。钱伟长这番话令在座的各位校长、院长拍手叫好，他们对上海大学美术学院的领导说："你们能有这样一位校长，真是万幸！"

现在越来越多的大学校长认识到了在校内设立艺术类

学科专业的必要性，显然，钱伟长在这方面走在了前面。

在创建艺术和技术融为一体的学科专业方面，钱伟长也前瞻性地先走了一步。有一次，钱伟长和时任上海市副市长的龚学平见面时谈到了人才培养问题，提出要为上海培养艺术和技术结合的复合型人才。龚学平非常赞成。龚学平毕业于复旦大学新闻系，曾主管上海的广播、电视、文化系统，在这方面也非常内行，帮钱伟长出了不少主意。1995年，上海大学影视艺术技术学院成立。钱伟长特地邀请电影艺术家谢晋担任院长，龚学平担任名誉院长。几年后，全国各高校普遍开设了这类专业。

有了高水平的美术学院和影视艺术技术学院还不够，1999年，钱伟长又在上海大学成立了艺术中心。艺术中心是相当于院（系）的教学实体性机构，拥有一支专职教师队伍，还聘请了一批著名艺术家为兼职教授，如钢琴演奏家刘诗昆，指挥家陈燮阳、曹鹏，画家林曦明。

为了进一步提高学校的艺术水准，增强学校的艺术氛围，钱伟长写信给江苏省委领导，希望能从南京艺术学院引进原副院长、著名国画家阮荣春。2004年，阮荣春到上海大学后，领衔成立了艺术研究院，聚集了一批高水平的艺术创作与研究人才。2005年，上海大学又从南京艺术学院引入一个学科团队，组建了数码艺术学院。

有了美术学院、影视艺术技术学院、数码艺术学院、艺术中心后，钱伟长并没有满足，他还想在上海大学办音乐学院。2006年3月，著名钢琴演奏家刘诗昆及香港《大公报》的《音乐天空》栏目记者采访钱伟长，他说："现在我的眼睛耳朵都不行了，但仍喜欢音乐艺术。我们学校有美术学院，但没有音乐学院，我希望能成立音乐学院，我委托刘诗昆先生一定要帮我完成这个心愿，我所要创办的音乐学院就是要用中国式的音乐教育培养学生对音乐的热爱。建立音乐学院不仅要培养全才、专才，而且要让更多普通学生都参与其中，普及才是关键，大学英文叫university，我所理解的大学的作用就是universal（普遍的），就是要培养学生的全面素质、综合素质。我们国家的传统文化博大精深，有数千年的历史，用中国式的音乐来教育学生是必要的。"

2013年6月2日，钱伟长的这一心愿终于实现了。这一天，上海大学音乐学院正式揭牌成立。音乐学院由上海大学艺术中心和数码艺术学院音乐系合并组建而成，曹鹏担任学院名誉院长、院务委员会名誉主任。音乐学院依然继承了钱伟长办学的理念，围绕上海的城市经济发展，探索上海城市发展所需求的复合型艺术人才培养模式，结合上海大学的多学科优势，在管理、经济、数码科技等多领域跨界合作研究，逐步形成对复合型人才音乐素质培养的教育体系。

在钱伟长的教育思想中，也包含丰富的体育教育思想，他说："体育教育是高校培养学生全面发展的主要载体和手段之一，体育教师肩负的工作责任和其他学科的教师一样任重道远。""很多培养是通过体育教育来做的，是一个全面培养合格的社会栋梁的重要部分。"所以，学校的体育教育是"不能仅仅作为体育问题来抓"的。钱伟长十分强调普通大学体育教育的重点是"开展群众性体育活动，发展校园体育文化，以提高全体学生的身体素质，增强学分制下的学生之间的凝聚力和团体精神"，他一再强调"我们的大学不是培养运动员，运动员可以让体育院校去培养"。

基于这样的教育理念，钱伟长一直很关心大学生体育教育和体育场馆的建设。上海大学新校区建设时，将近六分之一的投资用于体育场馆建设，体育中心于 2002 年落成后，拥有当时全国高校中首屈一指的体育设施。落成当年，钱伟长向上海市教育局和上海市体育局领导提出举办上海市普通大学生足球联赛的建议。他亲自拟订了竞赛章程，写了密密麻麻的几大张纸，还个人出资做了奖杯。作为一位知名人物，而且已经九十高龄，他对这样一场业余足球比赛如此重视，如此用心，与其一贯倡导的教育思想息息相关。2007 年 11 月，上海大学体育学院成立。

钱伟长还要在上海大学办医学院。他认为，高水平的综合性大学应该有医学院和生命科学学院。以前在清华大学当副教务长时，他就提出过一个拥有 10 个学院 32 个系的"大清华"计划，其中就包括医学院。这个设想显然与当时国家调整高校院系的方针相悖，在"反右"运动中受到严厉批判。但他一直认为自己的想法是正确的，始终没有放弃，现在他要在上海将其变为现实。从上海工业大学到上海大学，他努力了将近10年，但由于体制机制等原因，他的这一愿望始终未能实现，成为他的一大遗憾。

2002年1月，钱伟长在上海大学中层以上干部会上作了一个很长的报告，提出学校第十个五年规划及长期发展规划的设想。他说："简单地说，第一步其实就是整顿，让每一个教师都做科研；第二步是建立一套稳定的管理制度，学科该减的减，拓宽专业口径，加强专业基础，达到美国州立大学的水平；第三步与第四步其实就是争先，在国内争先，在国际上也要争先。因此，学校的发展是这样一个过程：整顿、发展和争先。我希望有一天，一提到某个学科领域，就想到我们上海大学。我的想法，只要大家齐心协力，共同奔向这个目标，就一定能实现这一宏伟蓝图。"

钱伟长主政上海工业大学和上海大学时，注入了太多的感情。他提出要把"自强不息"作为校训，并解释说："'天行健，君子以自强不息'，这句话是很有道理的，与我们党的要求也是符合的。中国古代'天'是代表客观，天道就是客观规律，要按客观规律来办事。'行'就是办事，'健'就是这个事情总是能办好的。光凭客观规律，自己不发展不行，人还要努力地创造条件，克服困难，自强不息。"钱伟长80岁的时候，曾自书条幅"厚德载物，自强不息，为人民服务"，用以自勉。这句话正是他的人生写照。他一辈子自强不息，始终朝着认定的目标不懈努力。

2010年7月30日，钱伟长走完了他光辉的一生，享年98岁。当年的《感动中国》栏目将他选为年度人物，推选理由之一是"《论语》载，子以四教，文、行、忠、信。钱先生以毕生的身体力行，昭示了一位学者的坚持与信仰"，他的颁奖辞是"从义理到物理，从固体到流体，顺逆交替，委屈不曲，荣辱数变，老而弥坚，这就是他人生的完美力学；无名无利无悔，有情有意有祖国"。

附录　钱伟长大事年表

1912年10月9日，出生于今江苏无锡鸿声镇七房桥村。

1922年，转学到荡口镇北司前弄初级小学。

1923年，升入荡口鸿模小学高小一年级。

1925年，随父到无锡荣巷公益学校就读。

1926年秋，考入无锡国学专修学校。

1927年初，进入无锡县立初中。

1928年，考入苏州中学高中部。

1931年9月，进入清华大学文学系。"九一八"事变后，弃文学理，转入清华大学理学院物理系。

1935年，获清华大学学士学位，并进入清华大学研究生院学习。

1936年，参加中国共产党领导下建立的抗日救国组织中华民族解放先锋队。

1938年5月，于天津耀华中学任教。

1939年2月，于西南联合大学物理系任教。8月，与孔祥瑛结婚。

1940年，到加拿大多伦多大学应用数学系学习，1941年6月获硕士学位；1942年获博士学位。

1941年，提出了"板壳内禀理论"。

1942年，到美国加州理工学院喷射推进实验室任研究工程师。年底，成为美国数学学会的正式会员。

1946年，回国任清华大学教授，兼任北京大学、燕京大学等学校教授。

1949年3月，任清华大学校务委员会常委兼副教务长。

1951年3月，任中华全国民主青年联合会常委兼副秘书长；4月任中华全国自然科学专门学会联合会常委兼组织部副部长；任中国科学院数学研究所力学研究室主任。

1952年6月，任清华大学教务长；年底当选为中国民主同盟中央常委。

1953年，参与新中国第一部宪法的起草工作。

1954年，当选第一届全国人民代表大会代表。

1955年，任中国科学院学术秘书、数理化及技术学部委员。

1956年，获中国科学院1956年度科学奖金（自然科学部分）二等奖；当选为波兰科学院院士。

1956—1958年，任清华大学副校长、中国科学院力学研究所副所长、中国科学院自动化研究所筹委会主任、国务院科学规划委员会委员。1957年，中国力学学会成立，任副理事长。

1957—1976年，从事飞机颤振、潜艇龙骨设计、化工管板设计、氧气顶吹的转炉炉盖设计、大型电机零件设计、高能电池、三角级数求和，以及变分原理中拉格朗日乘子法的研究。

1967年，下放到首钢特钢厂"劳动改造"，担任炼钢车间的炉前工，帮助工厂设计制造了800吨水压机和2000平方米的热处理车间。

1972年，由周恩来亲自点名，参加中国科学院代表团到英国、瑞典、加拿大和美国访问。

1975年，当选第四届全国人民代表大会代表。

1977—1990年，从事环壳理论、广义变分原理、有限元、中文信息处理、薄极大挠度、管板、断裂力学、加筋壳、穿甲力学、三角级数求和等方面的研究。

1980年，恢复为中国科学院学部委员，担任第五届全国政协常委、中国文字改革委员会委员。5月，在重庆交通学院（现重庆交通大学）创办《应用数学与力学》杂志。

1981年，发起成立中国中文信息研究会，并当选为理事长；任中国人民政治协商会议第五届全国委员会常委。

1982年，"广义变分原理的研究"获国家自然科学奖二等奖。

1983年1月，任上海工业大学校长。同年任民主同盟中央副主席。

1983—2003年，历任第六届、七届、八届、九届全国政协副主席。

1984年，任上海市应用数学与力学研究所所长。

1985年，创造性地提出汉字宏观字形编码，简称"钱码"；任中华人民共和国香港特别行政区基本法起草委员会委员。

1986年，在国家标准局组织的全国第一届汉字输入方案评测会上，"钱码"被评为A类方案，获得1985年度上海市科技进步二等奖，1987年又在全国科学大会上获银牌奖。

1989—1993年，任澳门特别行政区基本法起草委员会副主任委员、中国和平统一促进会会长。

1990年，任中国海外交流协会会长。

1991年6月，受聘为暨南大学名誉校长。

1992年，任中国民主同盟第七届中央委员会副主席。

1994年1月25日，接任暨南大学董事会董事长职务。

1994年5月17日，继任上海大学校长。

1997年，受聘为南京大学校董会名誉董事长、南京航空航天大学名誉校长；任中国民主同盟第八届中央委员会名誉主席；获何梁何利基金"科学与技术成就奖"。

2001年11月，受聘为江南大学董事会名誉董事长。

2002年，任中国民主同盟第九届中央委员会名誉主席。

2006年，获多伦多大学杰出校友奖。

2010年7月30日6时20分，因病在上海逝世，享年98岁。

后 记

关于竺可桢、华罗庚、苏步青、童第周等科学家，相信很多人在中小学课本里对他们的事迹就有些了解。他们爱国敬业、勇于探索、自力更生、发奋图强的精神和淡泊名利、甘为人梯的高尚人格，一直令我深受鼓舞，这种情怀也伴随着我成长。参加工作后，编撰一套科学家榜样丛书，让他们的精神广为传承与发扬，让不同年龄层的读者通过阅读他们的事迹得到精神方面的滋养，也成为我的一个心愿。

在一次选题论证会上，大家畅所欲言、各抒己见，我也说出了多年来深藏心底的想法，结果得到同事们的极大认可，并且都跃跃欲试，想要参与其中，这让我心里有说不出的高兴与感动。很快，我将本套丛书的策划案以电子邮件的形式发给华中科技大学出版社大众分社的亢博剑社

后 记

长,几天后收到亢博剑社长的回复。他在邮件中明确表示,总社、分社一致通过了本套丛书选题,希望尽快组织编写,争取早日付梓。在此,谨向华中科技大学出版社总编姜新祺、大众分社社长亢博剑及所有参与审校的编辑老师表示深切的感谢!

选题确定后,公司马上成立了编写团队,一方面联系科学家的家人、好友及同事进行采访,一方面到各省市的纪念馆搜集一手资料,然后进行整理、归档、撰写。为了保证史料的严谨性,我们查阅了大量资料;为了更好地诠释老一辈科学家的科学精神和家国情怀,我们对书中的文字反复进行修改润色。经过将近一年的努力,初稿完成,并特邀海军大校、《海军杂志》原主编、海潮出版社原社长刘永兵编审审校。本套丛书还有幸得到了中国工程院原党组成员、秘书长兼机关党委书记,曾任钱三强院士专职秘书多年的葛能全先生审订。初次拜见葛老时,我们介绍了出版这套丛书的初衷及编写过程,葛老赞许道:"你们还坚持这份初心,不容易!我对这套丛书的10位科学家颇为了解,他们也是我的青年导师。"葛老当场提出无偿帮助我们审订这套丛书。从2019年5月初至2019年10月底,葛老不畏暑天炎热,对10本书稿进行了逐字逐句的审校,并提出许多宝贵的修改建议。

在本丛书的编写过程中,李建臣先生于百忙之中也给予了许多宝贵的指导和建议,并在团队多次真挚的邀请下,同意担任本套丛书的主编。

在此谨向葛能全先生、李建臣先生、刘永兵先生致以诚挚的感谢和崇高的敬意!

由于编者水平有限,加上本丛书涉及人物众多,难免有不准确、不妥当之处,尚祈广大读者批评指正。